府学优质教育资源带教师文集

行走在生命旅程中

游学篇

主编 马丁一

学苑出版社

图书在版编目(CIP)数据

行走在生命旅程中.游学篇/马丁一主编.— 北京：学苑出版社，2017.5
（府学优质教育资源带教师文集）
ISBN 978-7-5077-5227-4

Ⅰ.①行… Ⅱ.①马… Ⅲ.①小学教育－文集 Ⅳ.① G62-53

中国版本图书馆 CIP 数据核字 (2017) 第 103536 号

责任编辑：任彦霞
出版发行：学苑出版社
社　　址：北京市丰台区南方庄 2 号院 1 号楼
邮政编码：100079
网　　址：www.book001.com
电子信箱：xueyuan@public.bta.net.cn；xueyuanyg@sina.com
印　刷　厂：廊坊市晶艺印务有限公司
开　　本：700mm × 1000mm　1/16
印　　张：6.50
字　　数：74 千字
版　　次：2017 年 5 月第 1 版
印　　次：2017 年 5 月第 1 次印刷
定　　价：56.00 元（全 2 册）

◎ 主　　编　马丁一
◎ 本册主编　傅晓静
◎ 编　　委　（按姓氏笔画顺序）

　　　　　　马　勇　马承彦　王　刚　王　荣　王　虹
　　　　　　王冀平　吕晓莉　任建军　刘　春　刘阿援
　　　　　　李鸿捷　吴　丹　张　洋　张　梅　张　韬
　　　　　　张全奎　陈良军　周　悦　周春田　周艳龙
　　　　　　郝建杰　胡松林　姚　峰　袁文萌　高　杰
　　　　　　郭　珩　唐　静　梅丽丽　韩　靖　雷　悦

序　言

　　府学"综合实践活动课程"旨在让学生亲身实践、满足学生发展需要，是培育核心素养的重要组成部分，起到了弥补教育目标中结构性缺失的重要作用。其中的"学科实践活动""研究性学习"和"社会实践"要充分依托校外"大课堂"教育资源，通过活动、体验、实践的形式，超越单一学科知识系统的局限，促进知识的整合与能力的迁移。

　　我们认为学校应该成为课程理论和课程实践的前沿阵地，成为"校外大课堂＋综合实践活动"课程实施的主体，以此实现学校课程的整体构建，借助"校外大课堂""综合实践活动课程"的校本化实施，走上学校课程特色化发展之路。

　　"校外大课堂＋综合实践活动"课程功能既要关注知识和技能，还要关注过程和方法，更要关注情感、态度和价值观；课程实施要着力变革学生的学习方式，提倡自主学习、合作学习和探究学习等。"校外大课堂"应当成为学生个体精神生命成长的不竭资源；"综合实践活动课程"即学生的生命历程，因为"课程是一个人对自己经验的重新认识"。

　　在实践模式上，我们着力探索"校外大课堂＋综合实践活动"的课程模式；在合作机制上，着力探索与资源单位深度合作开发实践活动课程模块；在实施方式上，切实推进教与学方式的转变，不断推动我校"综合实践活动课程"可持续发展。

　　几年实践证明，依托"校外大课堂"建设"综合实践活动课程"是课程改革的一大创新，赋予了学校在培养学生核心素养上更大的责任。

序 言

  在学校层面,我们建设"校外大课堂 + 综合实践活动"课程,通过对"校外大课堂"教育资源的开发与利用,形成活动设计方案,开展丰富多彩的综合实践活动,开发"综合实践活动课程",并纳入学校课程体系。

  在教师层面,提高了课程建设力,形成一种整体化和结构化的课程观,形成整体的"课程意识",而不是狭隘的"学科意识"。通过"校外大课堂 + 综合实践活动"课程建设与实施,改变了教师的人才观、质量观和学生观,实现了学校文化的统一,价值观念的统一。

  在学生层面,以"校外大课堂 + 综合实践活动"为切入点,切实提升了核心素养,特别是创新精神和实践能力,健全了学生人格,张扬了学生个性,实现了学生的自主、和谐、全面发展。

  今后,我们将继续用"校外大课堂 + 综合实践活动"课程"在童年的天地间架起宽阔的彩虹,而不是狭窄单调的独木舟",为学生"创造更幸福的学校生活,为儿童铺垫更幸福的未来"。

校长 马丁一

2016 年 6 月 11 日

目 录

游学，彩虹般的绚丽童年
.... 傅晓静 / 1

上　境外游学

世界做课堂　旅途见成长——记2015年寒假澳洲游学之旅
.... 马承彦　吕晓莉 / 5

2013年美国英语游学营
.... 马勇 / 9

自信地翩翩飞翔　从容地款款成长
.... 唐静　任建军 / 11

打开世界　放飞心灵——记美国科技探索与发现体验课程游学之旅
.... 王虹 / 15

促进学习和成长的行走
.... 王冀平 / 19

在多元文化中游走　在实践学习中思考
.... 吴丹　李鸿捷　韩靖 / 23

难忘的美国英语游学营
.... 张梅 / 27

游学美国，感受中美社会、教育、文化差异
.... 张全奎 / 31

目 录

在游历中思考
.... 周春田　王刚 / 35

学游天下　博识雅行
.... 周艳龙　郭珩 / 39

国际视野与本土情怀——加拿大"ESL沟通体验营"随感
.... 胡松林　雷悦　郝建杰 / 43

于多元文化中培养家国情怀——记赴美"科技探索游学营"
.... 王荣　姚峰　高杰 / 47

下　综合实践

参与"益智创新"实践营的收获与思考
.... 高杰 / 53

旅行中益智怡情　实践中收获成长——记浙江丽水益智冬令营
.... 李鸿捷　王虹　张洋 / 57

在孩子心里播下中医药文化种子——2014年江西珍稀药用植物科学探索夏令营 .... 周艳龙 / 61

赴川综合实践课程及毕业季主题活动系列报道
.... / 65

水利明珠灌溉天府　功在当代利在千秋——参观都江堰水利工程有感
.... 唐静　刘阿援 / 75

游学成都大熊猫保护研究中心
.... 王荣　张韬 / 77

穿越古今的课堂
.... 吴丹　周悦 / 79

目 录

金沙遗址与古蜀文明

.... 吴丹　刘春 / 81

探访武侯祠　品三国文化

.... 袁文萌　陈良军 / 83

都江堰大熊猫保护研究中心游学小记

.... 周艳龙　王荣 / 87

难忘的"粮"心之旅——赴中粮成都产业园参观学习纪实

.... 周悦　梅丽丽 / 89

游学，彩虹般的绚丽童年

傅晓静

我们是古老的教育大国，却常常羡慕其他教育强国带给孩子们的自由、快乐和对其创造力的保护，所幸我们已经起程。

随着"府学小访问学者们"游学之旅的开启，随行的我们得以开启国际教育的分享之旅。尤为珍贵的是，在这段独特经历中的观察与思考。

课程是"提供学生各种学习机会"。内容丰富、形式多样的"游学"及"综合实践活动"课程，极大地激发了学生学习学科知识的兴趣，提高了参与课程活动的积极性，使学生能够主动学习，积极实践，实现了更为自主和生动的发展。

通过活动过程中的实践和体验以及学习成果的展示与评比，如摄影、绘画、小论文、小报（手抄报、电子报）、创意作品、生物标本、专题网站等，提高了学生的综合素养和合作、交流、探究等能力，并感受到了学习的乐趣和成功的快乐。

"游学"及"综合实践活动"教育资源教学化开发是一项富有创新性的重要工程。这项工程突破了传统教育的束缚，将学校和社会各类教育资源进行了整合融通，让师生从封闭的校园小课堂走向了社会大课堂，拓展了师生的学习空间与时间，为师生创造了更多的综合实践与学科实践的机会，加快了学生的社会化进程。

在游学和综合实践之旅中，师生领略了美国、加拿大教育的全景图，走进了韩国、新加坡、澳大利亚教育的真实场景。不禁让人想到了柏拉图的一个著名命题——美是难的。如将这一命题用于描述教育同样贴切——教育是难的。越是信服某种观点，就越要找到不同的观点来辩论。各国社会制度不同、意识形态迥异，要用"差异阅读法"去阅读各自的教育。对教育是什么，我们不会有什么本质上的分歧。而教育为什么，即培养什么样的人，我们有不同的选择，这就决定了教育内容和教育方式的不同。在变革的时代我们要找准突围的道路。

"教育和文化都不能靠外国进口。"教育人需要用澄明的学习，去提炼教育的品质，在感与悟、思与行的沉潜往复之间构筑起属于我们自己的蕴含传统、反映时代的教育实践方式，使我们的教育从混沌之道进入澄明之境。

府学"三立四化"的"视野国际化"，包含两层意思：一是，由中国"走向"国际，了解其他国家的教育文化，开启更广阔的教育视野；二是，建立起在自己国土上的"国际"，让府学定格学生人生挥之不去的一段幸福时光，让府学镶嵌学生人生无法忘怀的一份美好记忆。

最后以苏格拉底的话作结束："我与世界相遇，我与世界相蚀，我必不辱使命，得以与众生相聚。"游学，将府学学子带向"世界"，是府学教师的责任；未来，走出去的府学学子将"世界"带入"众生"，是府学学子的使命。

上

【境外游学】

世界做课堂　旅途见成长
——记2015年寒假澳洲游学之旅

马承彦　吕晓莉

有一句不久前走红网络的话——"世界那么大，我想去看看"。寒假期间我校14名学生加入澳大利亚"快乐英语修学营"，开始了为期12天的澳洲游学之旅。此次游学的核心内容是走进澳大利亚布里斯班的西摩顿圣公会学院，听原汁原味的课程，了解当地的文化和风俗，与学生和老师进行交流。

西摩顿圣公会学院，是一所由英国教会创办的私立学校，有约1500名学生，课程设置从学前幼儿教育到12年级。校园占地38公顷，依湖而建，带有乡村风貌。放眼望去，生意盎然，环境清幽，令人心旷神怡。学校有室内外两个游泳池、室内体育馆以及齐全的室外运动设施；有现代化的图书馆、全新的计算机软硬件设备；有一个烹饪教室、一个农场、一个加工车间，给学生提供了全方位学习的条件。

和这里的老师、学生近距离接触，我们鲜明地感受到中西教育的差异。

首先，是学校管理模式的差异。主楼有几间行政办公室。一层大厅既是会议室，也是休息室。每周一教师都会齐聚于此，听周安排。之后，拉着小旅行箱，走进各自授课的教室。箱子里有上课用资料、自制学具以及生活用品。教师没有办公室，办公地点就是教室。教材是自编的，授课内容是自定的，没有统一考试。听上去好像很轻松随意，但教师们也会感到有压力，这种压力不是来自上级考核和考试成绩，而是来自于学生。教师担忧学生不努力、不用心，会想尽办法调动学生的积极性，使他们参与到教学活动中来，感受学习的快乐。在当地，教师没有退休年龄的限制，只要身体允许，自己喜欢，就可以一直干下去。我们见到学校里的教师，年龄普遍偏大，但都精神饱满，思维敏捷。女教师大都画着淡妆，优雅得体。

其次，是学习内容的差异。澳洲学生除了学习母语英语和简单的数学知识外，其余的课程是第二外语（如汉语和日语）、电工、厨艺、农业（如饲养动物）、自然科学以及体育运动。教学内容更偏重于学习生活技能。我们好奇地询问为什么学校要建农场，得到的回答是，因为有些学生是农场主的孩子，将来要回到农场去工作生活。

参观校园时，草坪突然起火，我们在很远的地方都能闻到烟味。这时，应急音乐响起，学生们没有慌乱，而是有秩序地蹲到课桌底下，双手抱头。我们也被告知要到附近的教室里躲避，直到音乐停止，危险解除。遇到突发的情况，学生们很镇静，有条不紊，这说明学生是训练有素的，不仅有应对危机的意识，更有应对方法和措施，这就是生存的本领。

再者，是学习方式上的差异。澳洲学生可以在厨房、农场、工厂车间、林地湖畔等真实环境中学习，很令人羡慕。在一节交流课上，教师发给学生一张英文任务单，上面是要寻找的物品，比如，两片相同的树叶、白色的羽毛、一米长的树枝等等。老师把学生带到学校的树林里，限定一块区域，学生组成若干个小组，以比赛的形式完成任务。这样的课程活泼有趣，在大自然的怀抱中，孩子们轻松地掌握了很多从前不认识的英文词汇，不仅学习了语言，还锻炼了思维和表达，也考验了他们面对问题、处理问题的能力，这是在封闭的课堂中难以实现的。

此次澳洲游学活动的另一个亮点是Homestay——学生放学后不是住在酒店里，而是住在当地人家里。在和洋爸洋妈的相处过程中，孩子们真正体验了一把当地居民的生活。

孩子们的另一个收获是提高了锻炼身体的意识。在当地，"锻炼身体"不是一项"规定"或"任务"，而是人们生活的一部分。每天早晨，七点半到校至八点四十五分准备上课这段时间里，孩子们可以随意选择自己喜欢的活动。放学后可以参加各种俱乐部。回到家里，家长们会和孩子一起运动，一起游戏。在西摩顿圣公会学院里，我们见到的孩子大都没有近视眼，健康结实，身体协调性比较好，个个是运动健将。

未来，我们需要什么样的人才？我们的孩子长大之后是否具有国际竞争力？能否担当起属于他们的责任？这是这次游学带给我们的思考。

走出去，才能见识到更加广阔的天地，没有围墙的学校、没有边界的课堂，了解、发现、交流、学习，融入另一种新的生活，用一个新的视角看世界，无论是学生，还是老师，都在边游边学的旅途中获得了成长。

这正是"游学"课程的可贵之处。

2013年美国英语游学营

马勇

2013年7月19日至8月2日，必将永久地定格在37名五年级学生的记忆中。因为他们第一次共同背上行囊，离开熟悉的校园和城市，暂别挚爱的亲朋好友，前往异国他乡，体验别样的风景。"读万卷书，行万里路"是中国自古以来特有的求知模式，亦是提升学生素质的重要途径。经过半年的筹备，美国之行终于出发了，最熟悉而又最陌生的国度即将出现在学生们面前。

我们的视线穿过记忆中的图像，亲眼见证了另一个远隔万里的大国。说短不短，说长不长的15天时间，从东到西不停步的奔走，还来不及形成完整的印象，那个大国在小营员们的心中可能仅仅是那些令人记忆深刻的片段：自由女神像、自由钟、独立宫、旧国会大厦的深远意义；华尔街、洛克菲勒中心的现代气息；国家艺术馆、九曲花街的艺术氛围；迪斯尼、海洋世界、环球影城的欢乐气息；西点、哥伦比亚、普林斯顿、斯坦福、加州理工大学的名校底蕴；林肯、杰弗逊纪念堂的民族情怀……走到哪里都是蔚蓝的如同童话世界般的天空；没有雾霾笼罩的山川河流有着和中国一样的雄浑和大气。

语言的学习是一个必经的漫长过程，在真实语境中学以致用是很好操作并能完成的。然而语言背后的文化学习，却远远比这复杂得多。即便是师生的课上交流也是语言文化的一种体现。此次前往洛杉矶学习ESL英语课程，以学生们的年龄、接受能力和适应能力来讲都是一项很大的挑战。ESL 的课堂为孩子们创设真实的语言情境并关注学生情感，真实地进行交流，给孩子们的不仅仅是英语课，也是一场文化盛宴。

与中国饭菜种类丰富、精细如画般让人不忍下筷相比，美国人的食物就简单多了。有些美国食物——汉堡包、薯条、沙拉、可口可乐等，没有烹调技巧，没有多少营养，学生们十分适应且喜欢。但是，美国人的早餐很简单，一杯冷牛奶加上一些 Cereals（这个词中文翻译是麦片），有些孩子的肠胃就无法适应了。有的家庭是最近才移民到美国的（如从菲律宾移民），饮食通常与其出生国的饮食相似。孩子们体验到了美国饮食文化的速度与便捷，并且努力适应多种饮食文化的融合。

美国家庭的老奶奶每天叨念着："为什么还不睡，快睡觉，快睡觉！"出游时，每个家庭都为孩子们准备了各具特色的便当。分别的那天早晨，女主人用流利的中文告别，孩子们才体会到美国家长的良苦用心。短暂的相处不能阻挡离别时刻的到来，为孩子们洗干净了所有衣服，亲自打包了行李，美国家长和中国孩子依依惜别。

"游学"不是"旅游"。"游学"是孩子们锻炼自理能力的绝佳机会。回来时，我们分明地觉得学生们的行囊变重了，因为习得而变重了。时光如流水般从指尖滑过。短短 15 天，我们看到，孩子们在长大，在游学的过程中，他们在很快地长大。

"游学"绝不仅仅是享受，更是一种人生的体验。通过"游学"，孩子们走进了国际化进程，亲身体验当地风土人情，接受异域文化熏陶，了解世界各地人们的生活方式、基本价值观这些"隐性文化"，这是他们人生旅途上一笔无形的精神财富。

自信地翩翩飞翔　从容地款款成长

唐静　任建军

无论是社会大环境，还是周围的小环境，都有越来越多的信息告诉我们有多少孩子在国外留学，有多少孩子在准备出国留学。国外教育为什么有那么大吸引力？他们的优势在哪里？我们的教育需要改进的又是什么？非常幸运，2016年寒假我们随学生在美国跨学科整合社会综合实践课程体验营感受了一把。

经过长途飞行，没有休息调整，我们就开始了美国文化游学之旅。

一、通过一个学习者的眼睛"沟通交流"

美国是一个建国不到300年，教育史长于国史的年轻国家，哈佛等9所大学校史都长于美国国史。我们首先到访的是世界顶尖大学之一——华盛顿大学。在西雅图连绵不断的小雨中，校园里哥特式风格的建筑让人感觉庄严而肃穆。广场正中矗立着美国开国总统华盛顿的雕像。广场的一侧就是图书馆，走进去感觉如走进教堂般神圣，仰望屋顶如仰望天空，彩色玻璃、彩色吊灯让这里美轮美奂。进入这样的殿堂，孩子们不觉中已轻声慢步，看着厚重的书墙和一盏盏灯下伏案求知的学子，感觉就是在这里小坐一会儿都会觉得身上多了一份书卷气。走出图书馆，听到孩子们说："看着大哥哥大姐姐在那里安静地读书，吓得我们连搬动椅子都不敢出声。"这是孩子真实的感受，这样的学习环境和氛围给孩子们留下了深刻的印象。

接下来的几天,我们到访当地诺曼洛克威尔小学和洛杉矶的Juniper小学。在美国的小学校园,也有精心布置、藏书丰富的阅览室。与大学图书馆不同,在这里,书是孩子们伸手可及的"玩具"。每个教室的墙上都贴着各种主题的学习材料,内容有五大类:一是生活技能指导,二是学习技能指导,三是自然科学知识,四是孩子们的作品展示,五是激励孩子的名言和训诫。

美国孩子到底是怎么上课的?又给游学的孩子们留下了怎样的印象呢?一个同学写道:"我发现,那里的教室虽然大而宽敞,但课桌摆放不够整齐,十分随意。美国的学生不像国内的学生,上课时要规规矩矩地坐好,他们有的坐得很端正,有的上身趴在课桌上,有的跪在椅子上……在美国小学的课堂上孩子们比较随意,可以喝水吃零食,但是不会干扰到老师讲课。如果交流讨论的声音过大,老师一声口令,立刻停止。美国孩子不是没有规矩,用餐和课间休息都井然有序。"

二、通过一个经历者的头脑"反思改进"

此次美国游学,对随行教师是不可多得的学习机会,我们感受到美国学生的学习方式轻松、自由、开放;思维方式个性、自我、开放;生活方式自律、友好、尊重。对中国式教育的启示:孩子们需要在轻松的学习氛围中激活思维;需要在学习上拥有自主创新和批判思维的权利。教育是让孩子发现想要成为什么样的人。这样的思考帮助我们更新了教育理念。

走出国门让我们的思维更活跃,对学习和工作的热情更高涨。希望有更多的老师和学生有游学的机会,有提升自身改变自己的机会。因为只有不断改变,才能适应教育的发展。

三、通过一双旅游者的眼睛"东张西望"

游学让府学的孩子们走向世界大课堂。参观波音工厂747、777、787，在这里都可以看到，建造飞机的场地和建造过程让人震惊。在玻璃博物馆，我们见证了艺术大师们几十年合作完成的精妙绝伦的玻璃制品。在二战飞机博物馆，看到了参战的各式退役飞机，其中就有著名的飞虎号，我们还零距离接触了修理飞机的退役老兵。加州科学中心将美国所提倡的动手科学展现得淋漓尽致，馆内没有"请勿靠近、请勿触摸"等告示牌，在这里鼓励每个人用双手和眼睛见证因科学而产生的奇妙事物。西雅图和洛杉矶的 barnes and noble 书店让人流连忘返，亨廷顿私人图书馆融图书馆、艺术馆和花园为一体。斯台普斯中心上演了 NBA 湖人队和公牛队的精彩比赛……最后一站是环球影城，亲身体验了美国大片的拍摄过程，著名影片的场景再现让孩子们惊叹于电影制作所使用的高科技。

四、通过一个体验者的心灵"感受文化"

有人说美国是文化沙漠。没有引以为豪的悠久历史和源远流长的传统文化，美国人总感到自己的文化缺少民族的"根"和"魂"。在回来的飞机上和学生交流：你认为什么最能代表美国文化。男孩子说米老鼠和唐老鸭，女孩子说是芭比娃娃，还有好莱坞与 NBA，当然也少不了肯德基、麦当劳和汉堡包……

在美国游学期间，孩子们在用自己的心灵去捕捉"美国文化"。我们分明地觉得学生们的行囊变重了，因为习得而变重了。时光如流水般从指尖滑过。短短 11 天，我们看到孩子们在长大，在游学的过程中，他们在很快地成长。

作为随行的老师却没有行程结束的轻松，一个建国不到三百年的年轻国家如此迅速地在别国人们心中确立了自己的文化标识，我们将如何守住中华民族五千年的灿烂文化，教育的担子远比远行的背囊沉重。

打开世界　放飞心灵

——记美国科技探索与发现体验课程游学之旅

王虹

美国国史不到 300 年，在二战后成为世界第一强国，其在经济、军事、科技、教育等多方面都是世界第一。2016 年我有机会带领"美国科技探索与发现体验课程"游学营造访这个国家，去一探其成功的原因。

一、科技探索与发现

跨越辽阔浩瀚的太平洋，踏上美国的土地，学生们开启了"科学探索与发现"为主题的游学之旅。在著名的加州科技馆孩子们感受着游戏中蕴含的智慧。孩子们参加了"过山车"设计比赛。用橡胶带充当轨道、用有卡口的塑料棒充当固定轴，4 种不同材质的小球充当过山车。在这项比赛中，学生要利用物理知识，如摩擦力、重力加速度等，才能让这 4 种球顺利通过轨道，不会滚落下来。

在第一轮比赛中，意外频发：搭坡陡的、搭弯多的，大家七嘴八舌。意见统一了，才发现材料是有限的，都被别的组拿光了……孩子们从失败中领悟到这里面还有合理分工、精诚合作的问题。

第二轮比赛开始了，学生们对"战术"进行了调整：有人负责拿取材料，有人负责设计轨道，有人负责搭建轨道，有人负责提醒经过的同学们，保护劳动成果。尽管如此，由于知识有限，4 种小球还是不能全部顺利滑完轨道。同学们一边实验一边总结，在玩儿中学，在学中玩儿。不仅将课本中的知识运用到了解决实际问题中，提高了动手动脑能力、想象力、创造力和组织能力，更得到了心灵的成长。

随后，同学们还一睹了美国奋进号航天飞机的真容。

行程中，同学们还参观了位于硅谷的Intel、Google中心、凤凰卫视美洲台总部、旧金山的象征——金门大桥等。在硅谷的Intel中心浏览，孩子们领略着高速发展的科技给生活带来的便利。在金门大桥上，同学们一边欣赏着拥有为它而生的"国际橘色"的外观和新颖的结构，一边在模型实验区体验着不同结构的大桥受力情况。

二、美国学校的四天

此次游学活动中，同学们有四天的时间先后来到旧金山的利弗莫尔学校和洛杉矶的灯塔巴普提斯学校，从上课到午饭，再到课后活动进行了美式学习生活的全接触。踏着晨辉把孩子们送进学校时，看到的是他们脸上紧张的神情，耳畔听到的是胆怯地询问"王老师，您会不会跟我们在一起啊？""王老师，我们是不是会被分散到各个班中啊？"话音刚落，就看到校方开始给学生贴名签、有序分组、带到相应班中，整个过程不到5分钟。

我随着一组学生走进教室，热情的美国学生跟我们打着招呼。美国老师变着花样带着孩子们做游戏，消除了这几个小留学生的陌生感。我环顾教室，映入眼帘的是墙壁上贴满了花花绿绿的"大字报"，有老师对一道数学题解法的分析，有学生制作的历史事件时间轴，还有未完成的美国地图。一张张"大字报"看起来虽然制作有些粗糙，却饱含着学生的智慧以及个性的思考。

放学了，孩子们没有了刚来时的陌生与紧张，脸上写满了喜悦与惊叹。有的骄傲地说着今天在数学课上解方程时小小的成就，有的迫不及待地展示制作的关于雾霾的"大字报"，有的兴高采烈地给我介绍今天认识的美国朋友。

几天的美式学习转瞬即逝，在灯塔学校学习期间，校方组织了中美学生校园聚会。余霁元和郭彤昕两位同学现场书写了"福"字、绘画了国宝熊猫送给老师、同学，拉近了中美学生的距离。

十几天中，孩子们还参观了加州大学伯克利分校、斯坦福大学、南加大等美国知名大学，近距离感受着美国的教育文化与氛围以及中美教育的差异。

三、游学之中的游历

"没有比脚更长的路，没有比人更高的山。"在说短不短，说长不长的十几天时间里，我们不停步地游走，还来不及形成完整的印象，那个大国在小营员的心中留下的可能仅仅是那些令人记忆深刻的片段：

有人说"学到了书本之外的知识，而且也锻炼了我的自立能力"；有人说"我可以大胆和外国人交流了，锻炼了我的英语沟通能力"。

而我最大的感受是，"游学不仅使学生们增长了知识，提高了自身修养与素质；也证明了离开父母的呵护，孩子们是能自理的！"世界这么大，放手让他们飞翔吧，终有一天他们会在自己的努力下羽翼丰满，翱翔在属于自己的那片广阔天空。

游学就是在以开放的心态培育孩子们的童年，只有在孩子们眼前铺展开宏阔的世界，他们才能找到自己最喜欢、最擅长的领域，府学学子的人生才能不仅拥有百年学府的"大气"——大成之气，

打开世界 放飞心灵

而且拥有现代府学的"阔气"——宏阔之气。

促进学习和成长的行走

王冀平

2014年7月12日至23日,我和马主任带领学生游学加拿大。行走在多伦多、蒙特利尔、渥太华等城市,感受着绿草蓝天带给人的惬意;走进多伦多大学、麦基尔大学,被飞扬的青春感染;通过黑溪村了解了19世纪美洲的历史;在安大略科学馆感受着知识带给人类的文明与进步;观赏了尼亚加拉大瀑布、圣约翰大教堂、千岛群岛,领略了大自然鬼斧神工之美;更亲身经历了野外生存训练,感受着生命的激情与奋斗。在历时12天的活动中,学生、教师都在学习中成长。

一、学生的学习与成长

1. 英语交流能力突飞猛进

在加拿大,每天都有规定的英语课程学习。外教带学生进入各种实景展开教学,走进农场认识动植物;乘坐地铁、走进商场购物,学习日常生活用语……起初学生和外国人说英语时,总觉得不好意思,以至于外教以为我们没有做功课呢!经过彼此的熟识与老师的鼓励,再加上这种全英语的环境,慢慢地,学生敢张嘴说且越说越多,到后来,还能主动与路人、商贩、工作人员有礼貌地交谈,英语听说能力得到锻炼与提高。在最后的全英文结业考试中,我校学生包揽了前六名。

2. 自我管理意识日益增强

一方面，是学生的时间观念不断增强。我们一再强调整个活动一定是以小组为单位，杜绝个人行动，并要遵守时间，因为这是整个活动顺利进行的前提和保证。但开始时有的孩子不在意，自己独来独往或迟到。经过老师和同伴的教育，他们越来越明白集体活动的意义，大家打破了班级的局限，彼此照顾，遵守时间，最后不仅不迟到了，还能在集合前5~10分钟聚齐。这种自发、主动的改变不仅保证了活动的质量，还有利于培养守时的好品质。

另一方面，学生的自理能力提高了。据我们了解，这些孩子大部分都是第一次离开父母，单独外出；几个孩子曾经参加过夏令营，但也就是三五天而已。可以说，这12天的游学是对孩子全方位的考验。我们在大学公寓一住就是5天。每天早出晚归，一会儿下地铁，一会儿进农场，衣服也是穿一两天就脏了。在我们查宿舍时，发现不少家长给孩子带了一天一套共12套衣服。不过，几个女生还是拿起了肥皂，自己动手洗起了内衣、袜子。动作一板一眼，很认真。我们观看后提出了洗衣窍门，使孩子更得法。而男生也不甘落后，尝试洗了小件衣物。大家每天保持整洁，令人印象深刻。

3. 修养不断提高

一个人的魅力体现在修养上，而修养通常来自细节。一个人要想提高自己的修养，首先要从"改"做起。在游学中我们见证了学生"改"的过程。

在国内吃自助餐，大家都喜欢拿很多，最后吃不了就扔掉了，这其实是陋习。为此，我们从出发前就一直对学生进行"钱是你的，资源是大家的"意识教育。身处国外，师生彼此提醒，彼此监督，以"节约为光荣",改掉了浪费的坏习惯,展现了文明中国人的形象。不仅如此,学生就餐结束后还能自觉地收拾餐具和餐桌。

二、教师的学习与成长

12天的游学,时间较为漫长。两位老师带着17个孩子,行走在异国他乡,不断变换地方,其实是很辛苦的。但是,零生病、零丢失、零受伤的战绩,还是让我们颇引以为傲的。这其中有一些经验与大家分享:想在前,防患于未然;动在后,防范与补救。

带着学生外出,教师就是定盘星。为了全队安全与快乐,我们必须做到想全、想细、想明白。在出发前,除了区里组织我们开会,介绍经验外,我们两位领队老师还多次碰头,交流自己的记录与思考,互相提醒要准备些什么;拿到行程后,预设困难与问题,写出对应措施。给队员开会、与家长建立微信群,保证沟通无障碍。

到了加拿大,学生看什么都新鲜,较为活跃、浮躁,于是就一天一总结,表扬优点,提出不足,便于学生改进;后期,三天开一次会。有时根据当天出现的突发状况,或预估第二天行程的状况,临时集合讨论解决问题的办法,交流心得。无论我们多么辛苦,为了孩子们的安全与游学顺利,我和马主任以及领队、导游密切沟通,多预想,多总结。

游学活动不仅是一次对孩子有颇多收获的旅程,也促进了教师的发展,增进了学生、老师、家长三方的感情。希望这样的活动以后继续开展,给更多的孩子走出国门提供机会,体验集体生活,开阔视野,增长知识,了解文化差异,激发爱国情怀,充满正能量地继续以后的学习,使人生更精彩。

促进学习和成长的行走

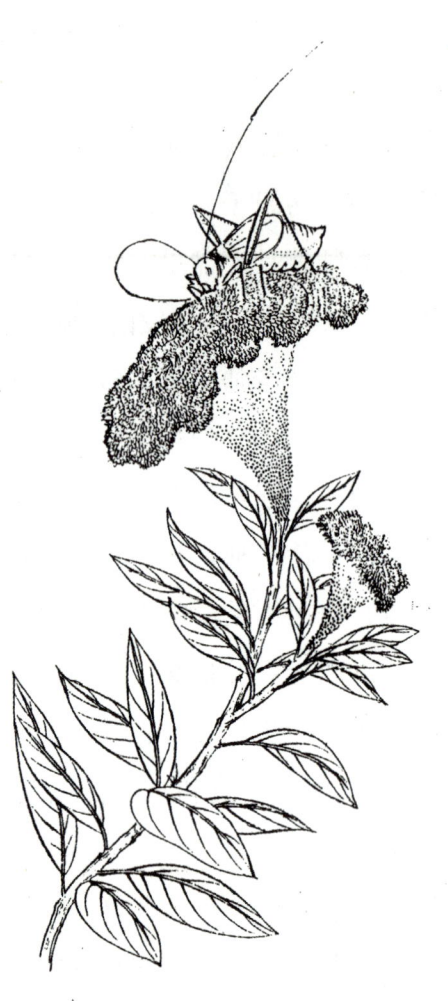

在多元文化中游走　在实践学习中思考

吴丹　李鸿捷　韩靖

2016年，随着飞机安全抵达悉尼机场，正式揭开了为期9天的澳大利亚古堡文化之旅，我们一起踏上了澳洲这片魅力无穷的土地。游学之旅是快乐的、充实的、美好的，我们一路行走一路收获。

序幕：享受和谐的美好

一出机场，我们就被湛蓝的天、葱绿的树、新鲜的空气迷住了。随后的几天里，所到之处树木粗壮而挺拔，古代和现代建筑交相辉映。每家每户的小院被绿树红花所笼罩，每棵树都经过主人精心修整。来往行人虽少，但大都面带微笑，友好而祥和。开车的司机也是面带微笑目送无意中闯了红灯的我们慌张通过马路之后，才开动汽车。走到哪里都是善意的微笑扑面而来，比蓝天白云还让我们陶醉。

悉尼水族馆是学习海洋生物的大课堂。孩子们在这里亲眼目睹了"美人鱼"，亲手触摸了如海螺壳般的鲨鱼卵，亲耳聆听了鸭嘴兽那奇特的生活方式。在沙滩上，他们与一群群的海鸥为伴，奔跑着，追逐着，嬉戏着。在企鹅岛上，我们耐心等待，默默跟随着上岸的小企鹅，一扭一扭地走回家。近距离看着憨态可掬的考拉抱着树枝吃桉树叶。善跑的袋鼠与人十分亲近，争着抢着在我们手中找食吃。

就连学校也是与自然的完美组合。私立贵族希尔斯文法学校占地十几亩，完全是在森林、草原上建的，处处是绿色，处处鸟语花香。

高潮：感受古堡的神秘

如果说人与自然的和谐让孩子们愉悦了身心，古堡体验课程则引发了孩子们学科探究的兴趣。

看！这是古堡外的骑士，凝视着远方的牧场。若不是背景中的小汽车，我们恍然间穿越到了中世纪。在这样的小激动中，学生们走进了这神秘的古堡，去体验不一样的实践课程。

第一幕：体验

在充满魔力的城堡里，有中世纪的骑士、巨龙、巫师、国王、王后和仙女；有骑士训练营，培养你钢铁一般的意志；有中世纪读写课堂，教你书写漂亮的古英文手写体；有魔法学校，带你体验魔法课堂的乐趣。在草药园，识别不同功效的草药；穿上中世纪的服装，扮成王子、公主、骑士、王室成员等角色体验社交礼仪。多元课程令孩子们能够感受中世纪的生活。

第二幕：实践

马修先生是古堡实践体验课程的老师，他的全英文讲解生动有趣，不仅声情并茂而且连比带画，还特别注重体验。孩子们把所有古代盔甲都试穿一遍，感受铠甲的材质和分量；在安全范围内举起武器进行攻击与防御。在体验中学习每种盔甲、战甲以及武器的作用与原理，把力学、物理学融入一起。孩子们把这些盔甲都试穿过之后，就再也忘不了它们的功用和特点了。

魔法课上，瓶瓶罐罐里都是有魔力的药水和粉末。马修教孩子们配出神奇的魔药。经过不同颜色药水的勾兑，不一会儿孩子们就调制并喝下了自己做的魔法药水，企盼自己可以变得更聪明、更漂亮或更强壮；有的还加入了隐身药水，希望自己可以隐身成功！不一会儿又用神奇的药水加上白色粉末不停地搅拌揉捏，变出了能吹的泡泡糖。说是魔药，其实是马修先生在上化学课。

除此之外，学生们还体验了射箭、击剑、工程器械等课程。

第三幕：合作

这是孩子们在以小组对抗赛的形式进行寻找宝藏的活动。孩子们先确定可能藏宝的地方，再分配每个人寻找的范围，商量寻找的方法，之后，就纷纷出发寻找起来。有的组配合得很好，很快就找到了不少宝贝；有的组在自己范围内没有细心寻找，放弃了自己的区域跨越到其他小组的区域，扎到一个地方寻找，而自己区域的宝贝却被别的小组找出来。

骑士训练营团队战斗开始了，首战两队人马混战成一团，自己攻击自己队员，造成对方乘胜追击，直捣黄龙而败北。再战时，认清形势，团结合作则反败为胜。通过这种体验活动让孩子们明白了善于合作的重要性。

尾声：思考教育的创新

最后，孩子们纷纷穿着中世纪的特色服装，手捧自己第一张异国毕业证书，在城堡前拍照留念，为这古堡文化之旅画上了一个圆满的句号。

这是孩子们满满的收获：

蔡修齐：……国外这些天的旅行经历，不仅让我大开眼界，欣赏到异国风情，了解了当地风土人情、文化艺术气息，更锻炼了与人沟通交往的能力……平时在家，可是不会有这种机会的。

李承霖：这次走出国门，让我了解到了中国和澳大利亚的环境、历史、文化、生活习俗的不同。澳大利亚人喜欢安静，很懂礼貌……我还学习、了解到了澳大利亚的历史，特殊的植物、动物，不同的自然环境，地广人稀的澳大利亚有着许多其他国家和地区所没有的珍稀物种，这是我们在国内看不到的……

王语凡：坐在回国的飞机上，我的感触如泉涌般迸发出来。这次澳大利亚之游，我学会了知识，懂得了道理，而更多的是，创造了太多太多的第一次：第一次出国，学会了自理；第一次与异国的人们用英语交流，获得了自信；第一次在外国选购商品，懂得了理财……出发时的期待，回国时的不舍，都是我成长的经历。澳大利亚之行会成为我心底最快乐的回忆。

李小语：这是我最难忘的一次旅行，也是我童年中最美的记忆！不过，每次我出国旅游时，都更加喜爱自己的祖国——中国。

这是老师们沉甸甸的思考：

教育的核心不是"加工"而是"发现"，发现每一个孩子的禀赋，并进一步保护、支持其成长，这就需要教育创新。为学生提供丰富、多元、可选择的教育资源、教育环境和教育服务模式的新供给侧结构，替代和打破原有单一的培养模式、统一的课程资源、僵化的考试评价供给结构。这就是教育领域的供给侧改革。

9天的澳洲境外游学课程，不仅培养了孩子们国际化、多元化的文化理念和思维习惯，更为学生的人生旅途增添了一笔无形的财富。在学生心中留下最快乐的记忆、最美好的回忆，是府学教育改革的供给侧。

难忘的美国英语游学营

张梅

2013年的暑假对于我来说是十分难忘的,我有了一次难得的学习机会,和其他4位老师带领五年级的37名学生参加了令人难忘的美国英语游学营。

无论是去哪座城市,我们都要参观名校,这些学校各具特色:徜徉于被称为"美国将军摇篮"的西点军校美丽的校园,一座座西点名人的雕像矗立在各个角落。这些昔日叱咤风云的将领,如今都化身为一座座雕像,默默地注视着古老的校园。西点的校训"职责、荣誉、国家"给我留下了深刻的印象。它是西点精神的结晶,是西点军人引为骄傲的座右铭,激励着一代又一代的西点人竭尽所能报效祖国;它也是促进美国200多年国家昌盛的三个关键词,因为它不仅影响了军队,同时也唤起了每一个美国人为国家利益和民族利益而奋斗的服务意识和献身精神。

被誉为政治、经济领袖人物摇篮的哥伦比亚大学,是美国最古老的"常春藤联合会"成员之一,教育学院、商学院、法学院、医学院、国际关系和新闻学院最为出名。共有87人获得诺贝尔奖,包括奥巴马总统在内的三位美国总统是该校的毕业生。哥伦比亚大学的校园里有不少名人留下的足迹,各类雕像、语录、留言四处可见。花坛的石沿上,草坪旁花岗石长条靠椅的椅背上,四处可见名人的格言,或者是出资建造者的姓名。从中也可以解读出这些名人在哥伦比亚大学求学的年代,以及他们曾经在这里发生过的故事。

这些厚重的历史积累形成的"软实力",比校园里处处可见的具有200年历史的高大建筑群更加令人肃然起敬。

普林斯顿大学独立成镇,全美综合排名第一,是爱因斯坦生活工作过的地方,全部为古典式建筑,校园内绿树环绕,环境清新,让人有说不出的轻松与愉悦。难怪同行的马勇老师说,只恨自己才疏学浅,且早生了几十年。今生只能到此一游。来生吧,来生到此学知识,做学问,一辈子。

斯坦福大学,明朗,充满朝气。置身于宁静的校园中,与特色的建筑共同沐浴在阳光下,你分明能够感受到思想潮水的澎湃涌动,以及年轻生命探索知识的无限热情……我们在各所大学中,拉开横幅合影留念。学生们在为自己是府学的一员而骄傲的同时,也在心中默默期许,期待有一天能够进入自己理想的学院。

此次游学之旅,深切地感受到美国人民对自己国家的那种挚爱。刚到美国,导游这样介绍:"美国人对自己国家的热爱不是仅仅在口头上,而是在自己生活的细节中。"几天的游览我发现,美国人在自己别墅的门前最显眼的地方挂着的都是自己国家的国旗。导游说:"美国人每天出门第一眼见到的就是自己国家的国旗,他们心中的目标很明确,就是自己做的每一件事都是为了自己的国家。"导游的这番话给我们一行人留下了深刻的印象。是呀!做好自己身边的每件事就是自己对国家的热爱。正如西点人:国家是灵魂、职责是躯体、荣誉是动力的座右铭。

不能不联想到府学——我们自己的学校。府学也是一所名校,是一所有着600多年历史的名校。我们要把她打造成一所世界级的名校。因为时间是自在而在的,从这个意义上讲,并不值得去炫耀。我们期盼着百年书香学第的府学对传统文化的归依,并将这种"传统"所张扬的力量体现到极致——既具有深厚文化又历久弥新，所谓百年世界名校的意义大约也只能体现于此了。

这次游学之旅弥足珍贵，令我难忘！感谢学校给我这次珍贵的学习机会，谢谢！

难忘的美国英语游学营

游学美国，感受中美社会、教育、文化差异

张全奎

2015年2月2日，师生一行30人踏上了美国游学之旅。抵达旧金山上空，透过舷窗，第一次看到地球那边的美国，就像散布国内的常见小村镇，没有印象中高楼大厦的繁华，其实也是美国最发达的城市之一——旧金山。

虽然是首次踏上美国国土，但随着对这个陌生国家的深入了解，繁华的都市、别样的风景、热情的市民，给我们留下了深刻的印象。

美国是汽车轮子上的国家。旧金山1000余万人口，拥有1200余万辆汽车。在美国印证了这样一种说法，出门十分钟就到高速公路。我们要去解决一顿简单的晚餐，也要上高速，足以看出这个国家对汽车的依赖。

抬头仰望，高度发达城市的天空却是碧蓝的，空气纯净透明；到处都是大片大片的绿地，令人心旷神怡。野生小动物从不怕人，松鼠、鸽子、水鸟等小动物随处可见，经常会跑过来和我们近距离接触。

美国人非常热情友好。擦身而过时，总能看到他们嘴角上扬，一个微笑；总能听到标准美语，一声招呼。

我们这次出行的主要任务是深入美国小学，感受美国的教育。对比中美两国基础教育，因为国情的不同存在着差异。

我们参观了三所有代表性的小学，一所多种族小学、一所"重

点学校"、一所规模较小的学校。步入校园，学校占地面宽广，校舍普遍宽敞，小学也有足篮排球场和网球场，室内有体育馆。不仅音乐、美术教学设备齐全，自然、历史、地理等教学所需标本、教具和幻灯、电影等电化教学手段，也一应俱全。

步入教学楼，感受到规则与要求的细致与人性化。走廊和教室的墙壁上都张贴着各种各样生动的规范和要求，不似我们的小学生守则那样刻板，有距离感。

深入课堂，教师授课和学生学习的方式与我们不同。采取分组式教学，5人一组，一个班大约4~5个小组；采用师生共同活动的讨论式教学，注重创新和独立思维的培养。美国学生合作意识比较强，知识面很广，但知识不系统。

在同一个课堂上，我们的学生对基础知识和基本技能的掌握，普遍比美国学生扎实。在这次游学中，表现得尤为突出。虽然语言交流上或多或少存在一些困难，但无论是基础知识的应用还是艺术技能的展现，都明显高于美国的同龄孩子。但我们也深刻地感受到中国学生知识面窄、想象力不够丰富的弱点。

以前总是好奇于美国教师的教学方式，这次的学习让我见识了什么是做中学，什么是小组合作，什么是合作探究，真正对这些概念有了深入的了解。

中美基础教育由于文化、历史等背景因素有所不同，但差异中也有共同点。在教学理念上，两国都倡导探究式学习、小组合作学习，倡导知识获取的多途径、多方法，倡导课堂学习和生活的紧密联系，倡导观察、实验、动手解决问题等等。下面举例来谈。

在四年级的科学课上，老师提出问题，学生说出自己的猜想并说明理由，然后老师让学生分成几组，自己制作实验用具，小组分工合作，多次实验后，得出结果。我们也禁不住诱惑一起参与了探究，与同学们一起得到了小组的结果。最后统计各组的结果，得出最终结论，老师布置学生课下再查找资料分析原因。这种教学模式能锻炼孩子的动手能力，培养合作和创新意识。

在六年级的美术课上，老师让学生画自己想画的任何物景，并描述它们的含义，培养了学生的想象能力和自主创新意识，并锻炼了他们的语言表达能力。

通过这次考察，我深切感受到中美教育各有所长。基于中国文化传统的教育，孩子们有着扎实的基础知识和技能；在美国文化背景下的学生有着很强的创新思维和动手能力。因为教育是基于不同的社会文化的一种行为，由于社会环境与文化传统的差异，构成了不同国家的教育差异。所以东西方基础教育各有利弊，美国的教育方式、教育体制并不一定适合于中国的教育。面对东西方教育的差异，应取长补短，相互吸收营养，以形成本土化与国际化相结合的现代教育。

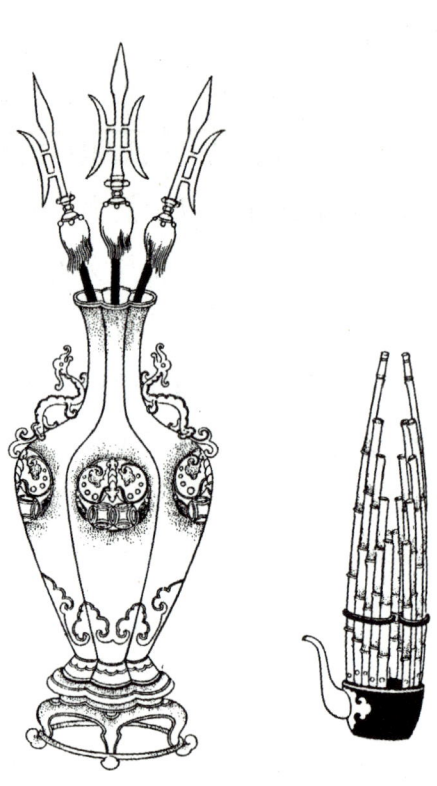

在游历中思考

周春田　王刚

一、新加坡印象

最早听说新加坡是在 20 世纪末，因其经济持续高速增长成为"亚洲四小龙"之一。而最吸引我们的是，这个城市国家是著名的"花园之城"。2016 年的游学之旅才有幸真正感受它独特的魅力。

新加坡道路两边种满了树，植物自由地生长，花儿一大簇一大簇地盛开，有一种"高楼生长在森林中"的感受。给我们印象最深的是新加坡的学校都是依山而建，绝不破坏自然。道路也是，不会为了建路而胡乱砍伐树木。

此行，我们参观了新加坡城市展览馆，了解了新加坡如何开发绿地、保存古建筑遗迹，以及创造良好生活环境，更了解了新加坡人对未来的创意。

新加坡人都很有素质，根本没有人闯红灯。在那里看不到乞丐，因为就算是没有能力的人，政府也会给他们工作，比如在路边卖雪糕，制作一些小纪念品去卖等。这不由得让人联想到新加坡教育的成功，他们不养"废人"，用教育培养好公民。

二、新加坡教育

行前做了些案头工作，了解到新加坡在夯实经济实力的基础上，早就开始关注"知识经济"，以将新加坡建成区域教育和科技中心为长期发展目标。在新加坡见不到乞丐，就是得益于对工作人群的技能培训。

在新加坡的七天中,我们参观了五个博物馆、一所大学、六个特色场所及部分新加坡地标性建筑,全方位地对新加坡的历史、文化、城市规划、科学技术进行了考察,并引发了我对新加坡教育的思考。

1. 借鉴欧美教育课程体系

在推行英美学制的南洋理工大学,由来自广州的留学生代表介绍了学校的教学理念,带领孩子们参观了校园。校园里有一座很特殊的建筑,被当地人称作"小蒸笼"的大楼。实际上是学校去年建成,为学生提供的一个免费交流、学习的场所。校园里的各种社团、研究小组、学生间的互动,甚至是学生为了共同完成作业,都可以预约使用。我们在第一层的大厅就看到了很多的学生,三五一群坐在冷饮柜台前安置的桌椅边,或是边喝冷饮边轻声交流,或是几人聚在一起低头研读着什么,或是桌子上摆着什么装置一起摆弄着……氛围很好,虽然外面气温高达三十五六度,这里却凉爽如春。大楼呈圆形设计,顶部恰好有阳光射入,把一切都镀上了一层淡淡的金色,更显出几分神秘,几多庄重。

新加坡许多高等院校在课程设置和教学方式上都与欧美同步,东西方教学模式的交融和碰撞,使学习者既能在东方传统文化中吸取本民族的教育精髓,又能在西方"鼓励自由和创新思维"的模式下开阔视野、培养实践和分析等能力,成长为满足社会多元化需求的复合型人才。

2. 亚洲民族文化传统传承

我们走进华裔馆,了解早期华裔文化的形成与发展。一起游览

"牛车水"唐人街,感受过新年的气氛。参观小印度的异域风情,品尝了导游给孩子们买的印度飞饼。在马来文化村参观,马来村是新加坡马来人移民迁移等马来文化的写照。七彩的小楼,还有随处可见的穆斯林清真寺,让我们看到了又一种特色文化,对新加坡的三大种族有了初步的文化体验。

3. 体验式、嵌入式教学方式

新加坡非常重视科技教育,建造了世界上最美丽的科学馆,更是一个国际科技交流的中心。在科学馆里,可以自己动手体验科学研究成果,如挤压蒸汽机,为一部电影配音;还可以看到最强大的半球型IMAX3D电影,模拟的场景真实得仿佛将我们带入那个不同寻常的世界。

除此之外,新加坡的科学馆还担负了一项特别的任务,完成大学校园里无条件实现的科学实验,就像DNA分离实验的研究和课程培训。

此次游学最重要的活动场所是新加坡国家科学中心DNA实验室,主要研究生物细胞多样性。学生们通过显微镜观察各类生物——动物、植物、海洋生物的细胞结构,对比识别各类细胞,并用简单的染色法鉴定细胞,研究DNA生命科学。

在 *DNA Detectives* 课上,实验案例被设计成一个刑侦案件,老师带着学生们模拟刑侦过程,寻找证据。学生利用微管技术和电泳实验方法获得了DNA图谱,通过比对找到"真凶"。这种情景参与式教学,让学生在习得知识的同时感受到知识的应用价值,学有兴趣。这种教学方式非常值得我们借鉴。

三、回看新加坡

作为一种国际性跨文化体验式教育模式，游学的过程即是"行万里路，读万卷书"。因为要做分享，回顾七天时间虽然非常短暂，但是其借鉴欧美模式结合本国国情的教育还是给我们留下了深刻的印象。新加坡的教育体制有利于每个学生循序渐进地发展自己独特的天赋和兴趣。新加坡的教育同时吸收了东西方文化的精华，采用灵活的教学方法使学生的潜能得到培养和发展。因此它的教育非常成功，自成一体。

孩子们每周都只有上午在教室学习，而下午是学生走出去的时间。很多的社会实践活动伴随着孩子们的成长。我们就曾经在街头看到了身穿校服的学生，在人群中进行调查、访谈。在科学馆看到身穿制服的小学生，背着书包，与老师一起排队行走在各个场馆间。

走出去的时候，我们就会不自觉地去比较、去思考，觉得我们的教育体制也在变革中，相信中国的孩子也会走上与我们不同的成长之路！

学游天下　博识雅行

周艳龙　郭珩

上篇：文桥小学教育印象

游学，与简单的旅游大有不同，它是一次有教育意义的文化探索和发现的旅程。

在韩国感受"约之以礼"

刚刚踏上韩国首尔的土地，导游问了一个问题："哪位中国人在韩国最有名？""习近平、成龙……"都不对。"是孔子。"韩国是至今世界上唯一保持全国祭祀孔子的国家。导游的介绍一下子拉近了北京与首尔、府学与文桥的距离。首尔文桥小学是2016年我们游学的目的地。

第一次走进文桥小学，就感受到韩国人彬彬有礼的待客之道。韩方全校师生齐聚在体育馆里，当我们走进会场时，师生起立，挥舞着中韩两国国旗热烈欢迎我们，这是正式而隆重的欢迎仪式。10名韩国同学，与我校同学结成了手拉手的好朋友，在接下来的五天里，将一起上课，游戏。韩国师生热情友好的态度，拉近了府学师生与文桥师生的距离。

每天活动结束后，校长会带领学生们送我们离开校园。那几天，韩国正赶上寒流，天气格外寒冷。他们目送我们上车，目送汽车离开。我们的车已经走远了，他们还在向我们频频挥手。

在韩国感受"游之有艺"

文桥是一所公立小学,在这里学习压力不大,因为他们没有考试。小学升中学是就近入学。成绩单取消分级,评价以叙述的方式来表达,类似于我们的评语。教师要尽量把每个学生的长处及未被发掘的能力找出来。发掘能力是当今韩国学校评价的目标。

学校的课程设置很丰富,强调培养孩子的动手能力和创新意识。内容五花八门,包括电影欣赏、医学保健、折纸艺术、球类运动等。

我们的学生在这里体验了很多有意思的课程。学生兴致盎然地制作了韩国传统的图腾木偶,写上祝福的话语,与韩国学生交换;亲手组装了智能遥控机器跑车,开展了一次赛车会;制作、品尝了韩国传统料理打糕,香甜的打糕还配上热热的柚子茶;体验韩国传统的游戏投箭、踢毽子等。

除此之外,还体验了音乐、美术、舞蹈、数学等课程。韩国的课堂氛围活跃,与社会关系密切。比如舞蹈课,老师播放劲歌劲舞的视频。视频中的舞者开始跳得较慢,几遍过后,慢慢开始加速。任课老师有时在最前面和同学们一起跳,有时在行间指导。其实,她指导的不是具体某个动作,而是要全心投入的一种态度。所以,尽管有的孩子动作不好看或没跟上节奏,都不影响孩子们的热情,跳得很开心。这不禁让我想起韩国的歌星,舞跳得那么好,可能就是从小的熏陶吧。

在韩国感受"责任教育"

朝鲜民族的整个历史就是一部在反侵略的斗争中求生存的历史。韩国的"国民精神教育",核心就是培养民族自尊和民族复兴的责任。因此，学校十分重视培养学生的责任感，对自己负责，对学校负责。

在参观校园时，整个校园干净、整洁。我们发现每位学生、老师进教学楼时，都会换上自带的干净的鞋，换下的鞋放入鞋包内。整个学校只有一名负责打扫卫生的后勤人员。打扫学校卫生主要是由学生完成的。学校经常组织跨年级的活动，开展低年级与高年级学生互帮互助活动，以增强孩子的责任感。

在韩国感受"饮食文化"

2013年，韩国泡菜文化列入联合国教科文组织世界非物质文化遗产名录。在韩国的这几天，无论是学校的午餐，还是其他餐厅，一定都有泡菜，种类各不相同。泡菜是韩国的一张名片。

为了更好地继承泡菜文化，学校设有传统料理教室，专门教学生如何制作泡菜。我们的学生没有亲自体验做泡菜，但是制作了韩国传统料理打糕。味道有点像北京小吃驴打滚，制作过程有点像包汤圆。香甜的打糕配上热热的柚子茶，真是一种享受。

这样的课程设置，让学生从小对本民族的饮食文化有一种认同感、存在感和归属感。

在韩国感受"国际视野"

文桥小学的教学目标之一就是：培养充满自信心，具有国际视野和创新精神的领导型人才，主要通过三种教育活动实现：一是提高外语学习能力。学校有专门的英语学习教室，英语老师是一位美国人。学校还有汉语课，这学期，聘请了一位中国老师任教。二是提高文化理解力。每学期邀请外国人进行他国文化教育。三是大力

学游天下　博识雅行

开展国际交流活动,比如游学,与其他国家的学校缔结姊妹校。

下篇:未来教育思考展望

透过本次游学之旅我们看到,韩国在注重国民精神教育的同时,也十分重视在全球经济一体化背景下,公民国际视野和交往技能的培养,使未来的韩国公民不仅是韩国社会的建设者,而且也是国际社会的重要一员。这引发了我们的思考:

一是,校长在新学期计划中提到的主题词之一"核心素养",在当今"百度一下"的时代,在即将到来的"让机器人去干"的时代,什么知识才真正有用,什么能力才是真正的能力,"人才"需重新定义。

二是,"两会"热词教育"供给侧"。我们作为教育供给方,在小学阶段,要教给孩子哪些终身受益的东西呢?学生求学时间有限,该教什么?该学什么?

在21世纪,各国为了增强国力和科技竞争力,保护各自的文化观念和传统价值,教育改革潮起潮落,在中国与国际教育交流日益频繁之时,"游学"中不乏我们可学习之举措,可借鉴之思想。

国际视野与本土情怀
——加拿大"ESL 沟通体验营"随感

胡松林　雷悦　郝建杰

读万卷书，行万里路。2016 年暑假，跟随五年级 19 名小游学生赴加拿大，参加了为期 12 天的"ESL 沟通体验营"活动。ESL 全称是 English as a Second Language，是专门教授非英语母语学生英语的课程。学生们离开熟悉的环境和朝夕相处的家人，来到异国他乡，学习英语，进行交流，亲身体验英语国家的文化氛围，收获巨大。

一、在体验中学习

在全球顶尖的多伦多大学，同学们领略到这所没有围墙的大学由内而外散发出的包容与厚重。坐在 4 位加拿大总理、15 位最高法院大法官、10 名诺贝尔奖获得者曾经学习过的教室中，聆听着外教老师声情并茂的介绍，了解到学校科研水平高、规模大、师资力量强、拥有世界级教学设备，吸引着世界各地的顶尖学生……学生们一边听，一边用英文记录下所见、所闻与所感。

在世界第一大跨国瀑布——尼亚加拉大瀑布，感受到它磅礴的气势。学生们感叹大自然神奇的鬼斧神工。在认真阅读英文简介的基础上，进行归纳、整理，用英文写出了一篇解说词。

在海洋公园，学生们和小鹿亲密接触，观看海豚、小熊的精彩表演，体验了多种游乐项目。同时，在英文外教指导下，学习并掌握小动物及游乐项目的英文名称；围坐在草坪上，画喜欢的小动物或游乐项目，并用英文写感受。

在乐高中心，学生们与乐高大师互动游戏，聆听纯英文讲解，用英文提问，并完成了乐高作品。

在卡皮兰诺吊桥公园开展"树梢探险"后，有同学写道："今天，我如同小精灵般凌空穿行于苍翠丛林间，感受着自己与广袤森林的心灵碰撞。我爱大自然。"这是孩子的心声，他们感受到了加拿大人的做人准则：尊重他人，尊重自然。

每晚，学生们都会把收获记录在游学手册上，做英文答题、写英文日记……进行完整的学习总结。

二、在互动中交流

最有意思的是同学们和加拿大小学生一起上英文课、做游戏、表演英文绘本故事、了解土著族历史、跳土著族舞蹈；加拿大同学和来自中国的小游学生一起了解中国文化，做绢花、做纸塑。

在纯英文实景学习环境中，每个人都在说，虽然语法不规范，不能说完整句子，但是通过肢体语言与面部表情，借助单词，还是能够理解基本意思。学生们把在学校学到的英文加以运用，使知识技能化，并在技能的反复训练中形成能力。很多孩子由不敢张嘴说英语，躲着外教到主动和外教用英语侃侃而谈，给外教看游学手册，得到外教老师的赞扬。学生们顺利完成ESL课程，19名营员全部获得合格证。

三、在游学中感悟

在加拿大的每一天，都会感叹天是那么的蓝，空气是那么的清新；小鸟在路边进食，小松鼠在树梢自由玩耍；人们仿佛生活在公园中，一切都是那么静谧、祥和。

参观 UBC 大学时，遇到几个中国留学生，他们兴致勃勃地介绍着留学经历，诉说着毕业后打算留在加拿大工作、生活，享受这里的蓝天、绿树。作为教师，内心情感不免有些复杂。

晚上，看到马冀同学在日记中写道："喜欢加拿大的蓝天、空气，我一定好好学习，到加拿大留学，回到北京把我们的天空变蓝，把我们的空气变清。"作为教师，感到非常欣慰，理想的种子就是这样在学生们的心中悄悄萌发，对祖国、对家乡的爱在慢慢延伸。

游学活动中，同学们不仅动口交流，提高了英语表达能力，更用眼观察世界，丰富了人生阅历；而且用心感受异国文化与中华文化的碰撞，完成了一次认识的蜕变。

在游学过程中，作为教师也有很多收获。欧美教育的教学模式、授课方式、授课内容值得借鉴。中国教育也应该多引导学生开展综合性的、情境化的学习活动，关注素养养成，让所有孩子都得到发展，都能找到他（她）的兴趣点，并用适合自己的方式学习。任何一个老师都不可能把所有的学生都吸引来，但是要尝试用多种方法找到吸引他们的方法和策略。

游学，扩展师生的眼界，正视国家间教育的差异，找到自身优势所在；游学，不是要把学生变成下一代移民，而是把他们培养成兼具国际视野和本土情怀的中国公民。

于多元文化中培养家国情怀

——记赴美"科技探索游学营"

王荣　姚峰　高杰

遵照"视野国际化"的办学理念，近年来，府学师生走出国门学习的机会越来越多了。2016年暑假，有幸随府学"科技探索游学营"赴美国学习，虽然只有短短十天时间，但师生收获颇丰。

一、学习机器人制作课程，提高语言能力

本次游学，孩子们有五天在课堂中学习。在洛杉矶，走进了南加大科学中心。上午，进行 ESL 课程——全程英语授课的科学课程的学习，学习机器人课程涉及的词汇及特殊表达。下午，上有趣的机器人组装课程，学习如何对机器人进行基础程序编写；利用教学模板（母版）学习机器人基础知识，动手操作装配机器人。亲自动手装配机器人零部件，使孩子们深入了解了机器人内部结构。

孩子们最感兴趣的是制作机器人小车，用电脑软件编程控制它，让它能随着音乐"翩翩起舞"。小组成员各负其责，有的编程，有的递零件，有的制作……经过多次尝试，小车终于能在弯道上快速移动了。孩子们为会"跳舞"机器人的试验成功而欢呼雀跃！

二、徜徉于世界著名学府，培养家国情怀

全美最美大学——斯坦福大学，黄墙红瓦，绿草如茵。质朴的岩石建筑散发着粗犷、古典之美。典雅庄严、饰满壁画的纪念教堂、

罗丹雕塑群……处处显示出厚重、深邃的学术氛围。

华人导游娓娓地讲述真实的故事。他的一位中国朋友在美国著名大学任教，在海水灌溉农业领域取得了很大成就，在世界很多地方设立了实验基地。美国政府唯独不允许他在中国建实验基地。一次回国探亲，中国领导人去拜访他，说中国百姓的吃饭问题要靠他了。这位教授顶着巨大压力，为中国培养了一批研究生，自此，中国才开始了海水灌溉农业的探索。最后，导游意味深长地说："不在国外生活，不知道什么叫爱国。孩子们，你们可得努力，你们到美国来不是光玩儿的，你们要想着将来到这里的大学来学习，然后回去把我们的国家建设得更好，国家强了，才能让世界上生活在任何地方的中国人都扬眉吐气！"

这位已经拿到美国绿卡的华人导游的话，让我们感受到他的心依然是中国心。孩子们听了导游的这番话，内心一定会多一分家国责任和民族情怀。

三、赏玩于科学人文景观，感受文化魅力

在美国期间，走访了几处享誉世界的人文景观。在洛杉矶闻名遐迩的艺术宝库——盖蒂中心（Getty Center），孩子们感受到西方绘画、雕塑、园林、建筑之美。旧金山标志性建筑——金门大桥，于云雾中时隐时现，仿佛在上演一段古老而神秘的故事。蜿蜒曲折、繁花绽放的九曲花街，让人流连人驻足，迷醉其中……

孩子们在外教带领下还走进了航空航天中心、科技中心等场馆。通过上千种生动有趣的互动式展品，观察科学现象，体验科学原理；通过亲自动手参与，激发了学科学的兴趣。

这次美国游学，孩子们学到了知识，增长了见识。在集体生活

中收获了友谊，学会了合作。相信这次科学探索之旅，会成为孩子们童年生活中一道难忘的美丽风景！

在府学"文化立人""视野国际化"办学理念引领下府学学子不仅受到中华优秀传统文化的熏陶，知晓中国的过去和现在，关注中国的未来；还要了解多元文化，知晓世界的现状与变化，关心世界的发展。

将个人的发展与民族的复兴、国家的强盛、人类的进步紧密结合在一起，走出国门游学，无疑是有效途径之一。

于多元文化中培养家国情怀

下

【综合实践】

参与"益智创新"实践营的收获与思考

高杰

陶行知说:"我们发现了儿童有创造力,认识了儿童有创造力,就须进一步把儿童的创造力解放出来。"

有幸于2016年暑假,和耿辉老师一起带队参与了7月11日至13日东城科技馆与首师大科技园在河北怀来青少年科普活动基地联合举办的"益智创新"实践营。短短两天半时间,与孩子们一起活动,丰富了知识,拓展了思维。

一、丰富多彩的"益智创新"活动

抵达当天,正是农历六月十五。辅导老师架起天文望远镜,指导孩子们观察月亮上的环形山。孩子们对月亮都充满了好奇,想多看一会儿,直到后面的同学再三催促,才依依不舍地让开。接着孩子们开始认识星座。这不禁让我想起了1986年上小学时,我在科技老师的带领下观测哈雷彗星的事。冬末春初,连续几天夜里三点,冒着严寒,把学校里仅有的那台小小的天文镜架到最便于观测的大街上,搜寻哈雷彗星的踪迹。终于在卯星团附近捕捉到了那个拖着长长尾巴的家伙。当时的兴奋,简直无法用语言来表达。就是那次的观测,激起了我对太空的兴趣。当辅导老师将天上的星座一一指给实践营的同学看时,我仿佛又回到了童年时代。这些孩子是幸运的,这次活动将在他们心中播下探索宇宙的理想种子。

碧波万顷的官厅水库加上远山近树,犹如一幅精美的画卷,吸引着孩子们迅速地聚拢到水边。当地老师给孩子们讲了水库建造及水质不断变化的历史。当太阳西斜,阳光不再那么灼人时,我们开始向天漠进发。

天漠,是离北京最近的沙漠。因为从内蒙古来的风沙在这里遇到山的阻挡而停止直下东南的脚步,久而久之,便形成了沙漠。如果没有天漠东南的山峰,内蒙古的风沙将直奔北京城,那样,天安门现在早已被黄沙覆盖。这也是这片沙漠被称为天漠的原因。

在这夕阳西下,明月东升的天光里,激烈的沙漠运动会开始了。说是运动会,可比的不仅是孩子们跑的速度,还有智慧和动手能力。参赛的每个小组都分到了五张彩色打印纸和一把剪刀,一把一次性筷子和一根胶棒。评比的办法是,在规定的时间里,看看哪个小组制作的旗子多、设计新颖美观,并且能插到指定的目的地,一次只能插一面旗。最后,密切合作又有创造性的小组竟然能多插了十几面旗,让落后的小组看到了不足和努力的方向。当太阳的余晖已尽,月亮高高升起,暮色渐浓时,我们才踏上了归途。

第三天的上午,孩子们进行纸盒创意搭拼。拼好后,各小组互相观摩,进行现场答辩。三位科技专家进行点评,使孩子们受益匪浅。下午,孩子们到植物基地,认识蔬菜,亲手摘菜,满载而归。

二、"益智创新活动"引发的教育思考

短暂的益智创新怀来夏令营已经结束,学生不仅学习到了科学知识,锻炼了动手能力,更亲近了大自然,体验了生活的美好,为童年生活增添了一抹亮丽的色彩,也引发了自己的一些思考。

现实中,中国有怎样的国情呢?创造性人才十分缺乏,传统思维方式根深蒂固。我们说的传统思维方式,有人称为东方式思维方式,表现在人才培养方面注重共性而忽视个性;注重求同思维而忽

视求异思维；多演绎式和循序渐进，而少归纳式和浸透跳跃；重逻辑，而少直觉。这样培养出的人才思想呆板，应变能力差，不善于动手动脑，独立解决问题的能力差，在未来各种挑战面前就会败下阵来。

现代科学技术日新月异，在书斋里踱四方步的日子已经结束。我们要为学生精心搭建充分展示童趣、志趣、兴趣的大舞台，在"学科学、用科学、爱科学"的教育中，促进学生科学素养的提高、全面素质的提升，奠基工程基础教育责无旁贷。

旅行中益智怡情　实践中收获成长
——记浙江丽水益智冬令营

李鸿捷　王虹　张洋

"游学"是近几年学校着力打造的课程门类。2015年1月31日，我们四（2）班24名学生整装待发，踏上了浙江丽水益智创新冬令营之旅。六天里，孩子们在空间结构搭建比拼中团结协作、相互鼓励、和谐相处；在庆元廊桥博物馆学习力学知识，感受古代建筑中蕴含的美与智慧；在土窑烧制青瓷，领略中国青瓷文化的博大精深。短短六天里孩子们收获了书本上学不到的知识，更体验到学习的快乐。

益智积木大比拼

冬令营活动的第一天，孩子们进行了"益智积木大比拼"。道具是很热门的堆堆乐积木，只不过规则改"抽"为"搭"，以半弧形墙搭得最高的为优胜。

在这个游戏中，学生要懂得利用三角稳固的原理，才能把这面积木墙搭得又稳又高。在第一轮比赛中意外频发：有的组刚搭到一半，就被碰倒了；有的组搭建得很顺利，但是没有积木可用了……孩子们从失败中领悟到，这里面还有个合理分工的问题。

第二轮比赛开始了，学生们对"战术"进行了调整：有人负责收集积木，有人负责搭建积木墙，有人负责提醒经过的同学们，保护劳动成果。尽管如此，积木墙坍塌的小意外依然还会发生。但同学们的反应却包容、大度了许多，更多的是真诚道歉和互相鼓励。有的小组还在设计上有所创新，把弧形的积木墙建成了椭圆形的"鸟巢"，或自下向上逐渐向内合拢，封闭成一个小碉堡。

在玩儿中学，在学中玩儿。学生们不仅将数学知识运用到了解决实际问题中，提高了动手动脑能力、想象力、创造力和组织能力，更得到了心灵的成长。

龙泉小镇制青瓷

在龙泉，我们入住的是青瓷小镇的青瓷主题酒店。一进酒店，浓浓的青瓷文化氛围就扑面而来。大堂里的装饰、房间里的陈设、餐厅里的餐具都是青瓷制品，连台阶上都镶嵌着青瓷片。在这样的环境中，孩子们脸上写满了喜悦与惊叹。

在青瓷小镇的两天里，学生们学习了很多关于青瓷的知识；观看了关于龙泉青瓷的纪录片；参观了龙泉青瓷的制作流程和精美成品。孩子们眼中绽放出赞叹、艳羡的光芒，还不时地用笔和相机记录着什么。

随后，来到拉胚成型的作坊里，亲身感受制作瓷器的其中一个小环节——拉胚。有些同学有过拉胚的经验，旋转的瓷泥在他们灵巧的双手中不停地发生着变化，很快就完成了自己的作品。而有的同学是第一次接触，反复做了好几次都没有成功，但是从他们的脸上却没有看到沮丧，只看到了坚持。有位同学说："老师，我回北京之后还要去陶艺吧练习拉胚。"

最后，我们还参观了龙泉青瓷博物馆。

在整个学习过程中，学生们不仅了解了瓷器的传统制作工艺，还认识到我们生活中的瓷器，即使是一个小小的杯子，从揉泥到烧制完成都要经历十几道工序，数十个技术关键点。每一件瓷器都出自手工艺人经年累月的技艺积累，因此都具有自己独特的生命。学生们由衷地产生了对传统工艺的热爱，萌发了传承传统工艺的愿望，这是最令人欣慰的。

廊桥博物馆开眼界

孩子们不仅当了一回青瓷艺人，还过了一把建筑师的瘾。

这次我们有幸亲自在有着几百年历史、现存寿命最长的木拱廊桥——如龙桥上走一走。随后又参观了庆元廊桥博物馆。

通过讲解员生动的讲解，同学们了解了廊桥——桥面上盖建廊屋的特殊桥梁。庆元的廊桥，现存寿命最长、单孔廊屋最长、单孔跨度最大，堪称当世一绝。

最有意思的是孩子们自己动手搭廊桥，四五个人为一组，用小棒搭建廊桥模型。孩子们趴在地上，小心翼翼地摆弄着，四根小棒很容易搭好，当第5根小棒插入时，桥一下子轰然倒塌，前功尽弃。但孩子们不气馁，总结经验，反复研究，互相提醒着"小心点，慢慢来"，有序地指挥着"再往左边点儿"，那全神贯注的样子甚是可爱。终于，十几根小棒搭好了，不仅没倒，还挺牢固。孩子们欢呼雀跃。

这次难忘的冬令营之行，孩子们的收获远远不止是知识和见识的增长。回想起校长曾经在集体会上引用过的一句话："子曰'志于道，据于德。依于仁，游于艺'。"孔夫子提倡以"游"贯穿于"艺"，也就是学习应该成为我们的也是学生们的一种愉悦的内心体验。

"游学"归来，对"学府式府学"博学苑的课程目标——"博

旅行中益智怡情 实践中收获成长

学于文、约之以礼、游之有艺，学之大成"也有了更深刻的理解。

行走在生命旅程中　游学编

在孩子心里播下中医药文化种子
——2014年江西珍稀药用植物科学探索夏令营

周艳龙

中医药文化是中华传统文化的瑰宝,青少年担负着继承、传播与发展的重要使命。2011年,北京青少年创新学院与北京市中医研究所联合开展"雏鹰计划——中医药文化资源课程化开发及转化"课题研究,我和唐静老师班的学生参与了此项课题的研究并开展了丰富的活动。

2013年,我们两次聆听了北京中医药研究所教授、中医医院专家的讲座;学生亲自动手制作了山楂丸、中药茶,练习写处方,激起了学习中医药文化的浓厚兴趣;我们参观了同仁堂博物馆,感受到中医药文化是古代劳动人民智慧的结晶。

2014年5月,我们参加了第六届中医药文化节的活动,学生再一次感受到中医药文化看似平常,其实博大精深,很了不起!学生们还参加了东城区中医药文化绘画、演讲、征文比赛,取得了可喜的成绩。

为了进一步提高学生对中医药文化的认识,暑假时,我和刘秀英老师带领19名学生参加了历时7天的2014年江西珍稀药用植物科学考察活动。这次活动紧凑但不紧张,内容丰富但不疯玩儿。在活动中,培养了学生遵循自然规律的科学态度,构建了人与自然和谐发展的科学价值观。学生和老师一起在活动中学习、成长,收获颇丰。

为了让学生们有备而去，7月9日，北京中医药大学的专家为我们进行了行前培训。专家介绍了中草药的相关知识，并带领大家参观了中医药博物馆。带队老师为大家讲解了科学考察的相关知识——"如何使用科考器材""如何准备科考行李"，下发了科学考察指导手册。

到达资溪后的第一天，组委会就安排了4场讲座：《资溪生态》《植物的结构与功能》《如何记录你眼中的植物》及江西医药大学教授主讲的《野外考察内容和注意事项》。这些老师经常进行野外考察，经验丰富，同学们听得认真，详细地做了笔记，增长了不少知识，为实地考察做足了准备。

接下来的几天，我们开始实地考察。山中移步一景，孩子们徜徉在青山绿水中，行走在探索科学的道路上，处处皆是惊喜。学生不仅进行了水样采集和水体检测实验，还跋山涉水，不辞辛苦，成功找到了千年红豆杉、商陆、地念、三叶草等珍稀中草药，并采集、制作了标本。在专家的带领下，学生全面监测了当地的生态环境，记录了宝贵的数据，采集了土壤标本，便于后续科学研究。每天晚上，在老师的带领下，同学们共同回顾当天遇到的药用植物，进行总结、记录、制作标本，态度十分严谨。

经过这次野外科考，学生掌握了科考的方法，领略了科考的魅力，感受到科考的乐趣。

江西的天气又湿又热，而且变幻多端，时而晴时而雨。7月16日是最艰难的一天，学生第一次进行野外科考，这对学生是一种考验。能不能坚持下来，我还真有些担心。令人欣喜的是同学们互相打气共同前行，没有一个落队。科考接近尾声时，山中突降阵雨，却丝毫没有减弱大家的科考热情，穿上雨衣，打起雨伞，风雨无阻，且行且学习。孩子们在这次活动中克服自身弱点，相互搀扶、鼓励，增强了团队协作意识。

不仅仅是学生收获很大，我也受益匪浅。刚接受这个任务时，我是有些忐忑的。为了组织好这次活动，我向有经验的刘秀英老师请教，把能想到的问题都一一列出来。在活动中，我仔细观察每个同学的情况，耐心安慰想家的刘家旭，鼓励不敢独自入睡的韩笑，精心照顾发烧的魏莱，与组委会协商每天的活动安排……在这个过程中，我学会了很多方法，积累了经验，提高了处理问题的能力，增益我所不能。

这次夏令营主要涉及自然学科，我是语文老师，对植物、中医、药材方面的知识了解得不多，就和孩子们一起学习，积累了很多中医药文化方面的知识。这对我的语文教学也是很好的促进。语文有着广阔的天地，上下五千年，纵横几万里，天文地理，无所不包。语文教师要使自己"厚重"起来，就要兼收并蓄、海纳百川；就要从不同学科的理论与方法中借鉴吸收有益成分。这样才能在课堂上和学生一起，自如游走于字里行间，跳跃于言谈话语之中。

江西之行虽然圆满结束，但学生们的科学探索之路才刚刚拉开帷幕。"生命不息，学习不止"，学习的路还很长很长，让我们和学生一起行走在学习的路上，一路上有了你、我、他，会更加精彩！

赴川综合实践课程及毕业季主题活动系列报道

金戈铁马开蜀汉大业
丹楹画栋祀武侯英灵

陈良军　袁文萌

人们都说,到了成都,不游武侯祠乃一大憾事。2016年4月6日午后,六年级毕业班师生来到中国唯一的君臣合祀祠堂——武侯祠,正式拉开了府学胡同小学赴川综合实践课程及毕业季主题活动的序幕。

走进大门,"汉昭烈庙"四个苍劲有力的金印大字格外夺目。信步于林荫小道,学生们的心已完全沉浸在蜀汉故土;刘备殿、诸葛亮殿、文武廊、三义庙,学生们身临其境感受着三国文化。

刘备殿内正中是汉昭烈皇帝——刘备的塑像。孩子们聆听老师详细讲解刘关张兄弟三人的不同性格特点和跌宕起伏的精彩人生,对三国的历史、文化有了新的认识和了解,激发了再次阅读《三国演义》这部名著的兴致。

吟诵着"出师未捷身先死,长使英雄泪满襟(杜甫《蜀相》)",学生们来到武侯祠。祠前高悬"名垂宇宙"的匾额,殿内正中是孔明的贴金塑像,头戴纶巾,一手持孔明扇,一手扶膝,仪态端庄。

当年，诸葛亮辅佐刘备，为蜀汉大业鞠躬尽瘁；如今，武侯祠丹楹画栋，忆金戈铁马缅怀先贤！

满怀着敬仰之情，学生们完成了赴川第一节综合实践课程的学习，享有"三国圣地"之美誉的武侯祠及三国历史与文化将牢牢根植于每个学生心田。

浣花溪畔一草堂　诗卷长存杜少陵

周悦　吴丹

2016年4月6日，府学胡同小学六年级赴川综合实践课程第二课的课堂，设在成都浣花溪畔，唐代伟大现实主义诗人杜甫流寓成都时的故居——草堂。

行前，语文教师就带领学生们明确了在杜甫草堂的学习目标——更多地了解杜甫，感悟一代文豪的济世情怀。有的同学还想了解杜甫创作高峰期的时代背景，也有同学想探究杜甫在这里写出那么多诗篇的奥秘。

在杜甫草堂博物馆，同学们看见一尊瘦削、弓着背、交叉手坐着的老人雕像——杜甫像。诗人表情哀愁，体现出一代文豪"安得广厦千万间，大庇天下寒士俱欢颜"的济世情怀。当地的课程教师讲解到，杜甫写的诗被称为"史诗"。同学们参观了诗人的住所，感受到杜甫生活的艰苦。

在前往"穿越回来的杜甫"诗会会场的路上，同学们欣赏了与茅屋比邻的浣花溪。如今的杜甫草堂绿树成荫、鸟语花香，风景迷人。同学们深深体会到人们对"诗圣"杜甫的尊敬和爱戴。

怀着崇敬之情，同学们参加了"穿越回来的杜甫"诗会。由当地的课程教师扮演"杜甫"，带领同学们一起回忆了让他引以为豪的诗作。应着那样美丽的风景，记忆中的杜诗自然而然地脱口而出，同学们集体吟诵了一首又一首。

回到驻地，同学们回顾杜甫草堂实践课程，感到更全面地了解了大诗人杜甫。同学们的内心被诗人简朴的生活，忧国忧民的情怀所触动。有的同学更是有感而发，创作了赞颂杜甫的诗歌。

在穿越古今的课堂——杜甫草堂，学生们收获的是从课本中学不到的东西，感受到的是悠久的历史和灿烂的文化。

访金沙遗址　探古蜀文明

刘春　吴丹

2016年4月7日，府学胡同小学六年级学生开启了为期一天的"探访金沙之旅"。这是赴川综合实践课程的第三项重要学习内容，而"课堂"就在商周时期的古蜀文化遗址——位于成都市西郊的金沙遗址博物馆。

前期，学生们通过查找资料了解到"金沙遗址"被誉为21世纪中国第一个重大考古发现。因此，对此次探访古老而神秘的巴蜀文化充满了期待。

同学们在讲解员的带领下走进遗迹馆，一个个巨大的探方映入眼帘，这就是文物被发现的地方；在祭祀区保留着金沙人举行盛大祭祀的痕迹；数量众多的象牙、雕刻精美的玉琮、根根粗壮的乌木……无不诠释着古老的巴蜀文明。身临其境，仿佛翻开了远古金沙人留给后人的一本厚重的"书",怎能不令人沉醉其中。

怀着对知识的渴求,同学们来到珍宝陈列馆。大型半景画和原状大型遗址勾勒出古蜀王都社会生活的剪影。同学们聚集在镇馆之宝——太阳神鸟金饰旁,它仅有一张唱片大小;薄如蝉翼,仅0.02厘米;四只太阳神鸟环绕,中心散发出十二道光芒,图案精美。同学们不时发出啧啧赞叹:古代先人用简陋的工具制作出如此完美的艺术品,真了不起!有的学生说:"开始的时候,那些东西在我眼里就是一件件文物,是死的东西。可是了解之后,我对它们还真充满了敬畏!"

同学们最喜欢的是"模拟考古"。开始学生们还一边聊天,一边"挖掘",逐渐便一声不吭地专心"考古"了。学生们的安静,有的是因为各种困难接踵而来,必须静下心来解决;有的是因为感受到考古学家工作时的艰苦与努力;还有的是在思考每件文物背后都有一个怎样的故事……

一天的金沙探访之旅真是不虚此行!同学们领略了金沙王国的神秘与金沙文化的辉煌,感受到巴蜀历史的悠久、文化的细腻与精致。生活在古蜀国的人们哪里会想得到,在3000年后,这里会被赋予这么美的名字:金沙。是金子,终究不会被尘土掩埋。今后,会有一批又一批如府学学子一样的孩子,将它奇异的华光吸纳;未来,从这些孩子们的眼中、心中,将放射出更加美丽耀眼的光华。

茂林修竹难掩熊猫踪迹
坐卧啃食尽显憨态可掬

张韬　王荣

2016年4月8日，学生们怀着兴奋与期待的心情来到成都大熊猫繁育研究基地，这里是我国乃至全球知名的稀有动物保护基地。在这里的学习内容丰富多彩，主要包含大熊猫知识讲解与大熊猫生活探秘两大环节。

在这里，孩子们了解到成都自古就和大熊猫结下了不解之缘。从化石发现来看，4000多年前这里就有野生大熊猫分布。现在的成都是世界上离大熊猫核心栖息地最近，也是全球唯一既有圈养大熊猫又有野生大熊猫生活的城市，是名副其实的"熊猫之乡"。

孩子们最感兴趣的当然是实地观察大熊猫。黑白分明、憨态可掬的大熊猫在平地愉快地玩耍，在卧榻上大吃特吃竹子，在树上抱着树枝呼呼大睡的画面都被同学们记录了下来。听了老师的讲解，同学们知道这个繁育基地运用大量科学技术保证大熊猫的身体健康和繁殖能力，确保国宝大熊猫能健康快乐地成长。同学们还完成了另一项任务——测量熊猫生活环境的温度与湿度。同学们分成三组测量，读取数据，记录数据，进行交流，像小科学家一样认真研究着。

同学们在轻松的氛围中学习有关大熊猫的知识，观察它们的外形特点，了解它们的生活习性，时不时地被大熊猫憨态可掬的模样逗乐。在大熊猫的家园里同学们学得轻松愉快，表现出极大的学习热情。只能照黑白照片的大熊猫，在每一个孩子心中留下的是童年色彩斑斓的记忆。

墨黑雪白绘国宝　挥锹铲土植箭竹

周艳龙　王荣

  2016年4月9日，府学小学六年级学生来到了中国大熊猫保护研究中心——都江堰基地。这里拥有适宜大熊猫生活的气候和自然环境，方竹、拐棍竹、箭竹等食用竹苍翠挺拔，大熊猫在这里生活可以说是"衣食无忧"。

  置身于翠竹连绵的青城山上，看到憨态可掬的大熊猫，孩子们立刻兴奋起来，开始完成第一项任务——熊猫写生。孩子们奇思妙想层出不穷，素描白描下笔有神；画纸上大熊猫墨黑雪白神气十足，或静或动千姿百态。

  熊猫的食物99%以上是竹类植物。孩子们的第二项任务便是栽种竹子——植一片绿竹护国宝，留一份回忆为伙伴。学生们挥锹铲土，种下了一棵棵竹苗，为熊猫留下一片绿色，为童年留下了美好回忆。

  午后，启动了第三项任务——为熊猫制作营养窝头。孩子们向工作人员认真学习了熊猫营养餐的配方，将竹粉、黄豆粉、玉米粉、糖、鸡蛋等食材混合后，加入热水搅拌均匀，亲手给熊猫做了美味可口又营养丰富的窝窝头。

  孩子们还通过纪录片了解了大熊猫的濒危现状，以及大熊猫救护与疾病防控的艰巨任务。看到孩子们眼中闪烁的泪光，相信他们一定会为保护国宝大熊猫付出自己的真诚与汗水。

短暂的行程转瞬即逝。看到孩子们围着基地老师争先恐后地问东问西、孜孜不倦地记录查询、真心诚挚地彼此帮助……老师们欣喜地发现，学生们在做中学，学中做，领悟学习的方法，参与学习的过程，交流学习的感受……在这样的综合性实践课程学习中，师生在共同成长。

宝瓶鱼嘴飞沙堰　治水巧思惠千秋

刘阿援　唐静

2016年4月8日，府学六年级毕业班400余名师生来到世界文化遗产——都江堰水利工程进行综合实践课程的学习。

在金沙遗址，同学们已经了解了古蜀国鳖灵治水的故事，此次来到都江堰，对李冰父子在前人鳖灵开凿基础上组织修建的这项水利工程的考察更加充满了期待。

同学们首先来到展览室参观都江堰水利工程沙盘。全景沙盘真实地再现了都江堰弯道环流原理和自动排沙排石系统的运行。许多同学边听、边看、边记、边啧啧称奇。

随后，同学们走过堰功道、安澜索桥，来到了最负盛名的"鱼嘴"，它可真像一条大鱼在大口大口喝水。只见滔滔岷江水到这里像被施了魔法一般，被分成了"外江"和"内江"，分水之处泛着雪白的浪花和层层涟漪，十分壮观。听完讲解，同学们纷纷完成了"实践手册"中"鱼嘴分水图"的绘制。

从"鱼嘴"向下走1000多米，就来到了长200米，高2.15米的飞沙堰。它是确保成都平原不受水旱灾害的关键，能起到溢洪排沙的作用，使内江水流通畅。

在第三个重要工程——宝瓶口,同学们发现它是个倒梯形,从上往下看,就像一个花瓶的瓶口。岷江水流到这里会形成旋涡,两边的山堵住旋涡推上来的泥沙,只让清澈的水流出去灌溉农田。同学们连连赞叹:形似瓶口,功能奇特,真是名副其实的"宝瓶口"。

临别之际,同学们眺望着江对面的"二王庙",缅怀着李冰父子的丰功伟绩:两千多年来,都江堰一直发挥着防洪灌溉的作用,使成都平原成为了沃野千里的"天府之国"。

都江堰无愧为世界独一无二的水利工程,因为它年代最久远,至今仍在使用,且以无坝引水为特征。此时孩子们深刻地理解了余秋雨先生的这句话:"我以为中国历史上最激动人心的工程不是长城,而是都江堰。"

都江堰之行,师生满载而归!

访"中粮"结稻谷情
观流程走"粮心"旅

梅丽丽　周悦

2016年4月9日,怀揣着对粮食工业的疑问与好奇,深藏着对粮食产业发展现状的探究与思考,满载着对粮食加工未来的希望与期许,来自府学胡同小学六年级毕业班的师生,走进了中粮集团成都产业园,展开了一场难忘的"粮心"之旅。

本次综合实践学习内容丰富而充实,同学们先后参观了油脂厂、大米厂、面粉厂、淀粉糖厂、饲料厂;见识了铁路散粮运输专用线的优越功能；体验了"五湖大米""香雪面粉""福临门食用油"等知名品牌的良心品质；品尝了刚出炉香喷喷的松软面包和甜滋滋的果糖糖浆……

在面粉生产车间，先进的生产线正在紧张有序工作，17道加工工序牢牢地吸引住了同学们的目光；在淀粉糖厂，同学们参观了通过全自动离子交换系统与颗粒活性炭再生技术等国际先进的工艺生产淀粉糖的全过程；在散粮装卸专用线上，同学们了解到散粮运输较包装粮运输在包装、搬运、卸货环节的优势……同学们或凝神注视，或专注思考，或积极提问，并不停地在学习手册上做着图文并茂的记录……

参观活动中，同学们兴致盎然，从他们渴望知识的眼神、"刁钻"的提问、认真的笔记和精彩的互动，能够看出同学们对粮油食品加工工艺的浓厚兴趣。

"粮心"之旅不仅让同学们在参观探访中收获了知识，更将爱粮节粮、探寻研究的种子播撒在孩子们的心田。未来，府学学子中一定会走出潜心研究、执着奉献的食品专家。

短暂的"中粮"特别体验——毕业季宝贵的人生回忆。

水利明珠灌溉天府　功在当代利在千秋
——参观都江堰水利工程有感

唐静　刘阿援

一提到都江堰，便让人想到那宏伟、浩大的水利工程，它的清流浸润千里沃土，成就了美丽的天府之国。"都江堰水沃西川，欢声雷动说耕田。"是啊！就是这项伟大的水利工程成就了这美丽的天府之国。

2016年4月6日到9日，府学胡同小学六年级400余名师生有幸到成都开展实践课程和毕业季活动，在参观学习的众景点中，就有这大名鼎鼎的都江堰水利工程。

漫步在古城区中，古香古色的店面、翠色欲滴的梧桐、茶马古道的源头，同学们兴致勃勃。不觉间，著名的南桥已近在咫尺。这是一座雄伟壮丽的廊式古桥，各种彩绘雕梁画栋、民间彩塑、书画楹联融为一体，不愧为"水上画楼"。

进入景区，同学们首先来到了展览室，这里有都江堰水利工程的全景沙盘演示。听！讲解开始了："公元前3世纪，蜀郡太守李冰带领人民群众建造了举世无双的都江堰工程，科学地实现了导江、防洪、引流灌溉一系列功效。"

走在堰功道上，古木参天，小径清幽，龙头喷出汩汩清泉，当年淘沙的铁柱、装石头的竹篓、电视剧《西游记》里的人参果树，一座座为修建都江堰立下汗马功劳的先人铜像，令人目不暇接，赞叹不已。

走过安澜索桥,来到有名的"鱼嘴",可真像一条大鱼在大口喝水。只见滔滔的岷江水像被施了魔法一般,自觉分开。分水之处泛着雪白的浪花和层层涟漪,十分美丽。导游介绍说:"鱼嘴是一个分水堤,把岷江水分为内江和外江。外江是岷江主流,内江是灌溉用水。"同学们仔细观察,发现内江窄而深,水流清澈;外江宽而浅,水流混浊。

鱼嘴下方1070米处,是长200米、高2.15米,看似平凡却起着重要作用的飞沙堰。那是一片浅滩,虽然只有2.15米高,却起到了溢洪排沙的作用,是确保成都平原不受水旱灾害的关键,是内江水流通畅的保证。

"神功凿破古宝瓶",第三个重要工程——宝瓶口是个倒梯形,从上往下看,就像一个花瓶的口,因故得名。岷江水流冲到这里与暗流形成旋涡,两边的山会堵住旋涡推上来的泥沙,只让清澈的水流出去灌溉农田。宝瓶口右边的山丘因为与山分离叫"离堆",当时还未发明火药,李冰就率人以火烧石,石头滚烫后再用江水泼,岩石热胀冷缩就崩塌了,古代劳动人民多么富有聪明才智啊!

主体工程相辅相成,"因势利导、顺应自然"是都江堰治水哲学的精髓。存在2200多年,至今仍在使用,无愧为世界上独一无二的水利工程。难怪余秋雨先生会在著作中发出这样的感叹:"我以为中国历史上最激动人心的工程不是长城,而是都江堰。"

临别之际,同学们眺望着江对面的"二王庙",缅怀着李冰父子的丰功伟绩,怎能不对古代劳动人民产生无限敬意!更为中国古代文明、为自己是炎黄子孙而骄傲!

游学成都大熊猫保护研究中心

王荣　张韬

在 2016 年的 4 月 7 日，为了使孩子们更加深入地学习有关大熊猫的知识、了解大熊猫的生活习性，六年级综合实践课程的课堂选在了位于北熊猫大道上的四川成都大熊猫研究基地。这里是我国乃至全球知名的稀有动物保护基地。同学们来这里参观学习，受益匪浅。

进入景区，周围是郁郁葱葱的观音竹、冷箭竹等景观竹，沁人心脾的气息扑面而来，令人神清气爽，丰富多彩的学习活动就在这大熊猫的家园开始了。

聆听老师讲解，同学们知道了憨态可掬的大熊猫喜欢在平坦的地面上悠闲地散步，愉快地玩耍。在大熊猫幼稚园、太阳产房、月亮产房……同学们观察大熊猫的习性。有时，它们仰面朝天沉浸在香甜的梦里；有时，它们用前爪轻轻拍打肚子，一副吃饱喝足的样子令人忍俊不禁；有时，它两腿一蹬，翻了个身，憨态可掬的样子引得观众纷纷拍照留念……

在大熊猫笼舍，同学们开始完成第一项任务——为大熊猫写生。在一番仔细观察后，孩子们便开始为憨憨的大熊猫画像了。有的同学身体微向前探，想看得更清楚一点儿；有的同学拿着笔，边看边描画轮廓；还有的同学一动不动地盯着大熊猫看，在脑子里构思着"熊猫酣睡图"……不一会儿，同学们创作出了一个个栩栩如生的熊猫形象，并不时探讨着如何描绘好熊猫的动态。经过老师的点拨，画纸上的熊猫好像活了起来，令人浮想联翩。

第二项任务是测量熊猫生活环境的温度、湿度和海拔。到达太阳产房后，学生们兴致勃勃地开始测量大熊猫生活环境的温度、湿度和海拔高度，加深对大熊猫生存环境的了解。同学们被分成三组，每组一个温湿度计和海拔表进行测试，读取数据。之后，记录数据，交流分析结果。

在大熊猫研究中心，同学们还看到了小熊猫。通过老师介绍，了解到小熊猫并不是"大熊猫幼崽"，而是另一种猫科动物。同学们通过观察发现，与大熊猫独居不同，小熊猫是以家族为单位居住的。小熊猫长得小巧可爱。同学们一边看，一边兴致勃勃地讨论着。

这次综合实践课程把课堂延伸到了成都大熊猫基地，使学生在最短的时间内就进入了学习的最佳状态。孩子们不仅了解了大熊猫的生活习性，明白了保护野生动物的重要性，更是在玩儿中学，学得轻松，学得愉快，学生的主体作用得到充分发挥，激发了学生的学习兴趣，让他们感受到原来学习是这么快乐的事。学生在愉悦的课堂上，圆满完成各项学习任务，享受到热烈、沸腾、多彩多姿的精神生活，收获颇丰，一定会令他们终身难忘，成为人生中的一段美好回忆。

穿越古今的课堂

吴丹　周悦

"两个黄鹂鸣翠柳,一行白鹭上青天。"这脍炙人口的诗句,陪伴一代代孩子成长起来。中国的传统文化如同阳光、雨露,无声无息地滋养着我们这个民族。在这次四川之行中,特别安排了同学们来到唐代大诗人杜甫的草堂参观学习。

2016年4月6日,在一个阳光明媚的日子里,六年级全体师生奔赴四川,来到了美丽的杜甫草堂参观学习。

杜甫草堂,又名少陵草堂,是唐代著名爱国诗人杜甫的故居。这里有着悠久的历史,深厚的文化底蕴。"安得广厦千万间,大庇天下寒士俱欢颜",体现出一代文豪的济世情怀。

进入杜甫草堂正门,跨过石桥,来到古代官史办公的地方——大廨。这里宽敞明亮,气势非凡,配有长联"异代不同时,问如此江山,龙蜷虎卧几诗客;先生亦流寓,有长留天地,月白风清一草堂",寓意深远。

接着,来到诗史堂和工部祠。诗史堂正中是杜甫的雕像,诗人身形瘦削、弓着背、交叉手坐着,表情哀愁。两侧写着对联"草堂留后世,诗圣著千秋"。堂内有历代名人题写的楹联、匾额。工部祠里摆放有明、清两代石刻的杜甫像,以及十分敬重杜甫的黄庭坚、陆游的雕像。走在工部祠,能够深深感受到杜甫忧国忧民的情怀以及人民对诗圣杜甫的尊敬和爱戴。

杜甫居住了四年的茅屋十分简陋,只有几把椅子、几张桌子、一张床。门外是一条石子路、一片水塘和一大片竹林，十分幽静，让人心情舒畅。遥想761年，青衣长袍的杜甫在这里生活了四年，创作了许多脍炙人口的诗篇，不禁感慨万千。

游览杜甫草堂，学生们深陷于悠久的历史、古老的文化以及浓厚的学习氛围中，感受到诗歌之美以及杜甫创作这些诗篇的环境是怎样的。在这里，孩子们情不自禁地背诵起了杜甫的《绝句》，有的同学还现场创作了赞颂杜甫的诗歌。

在诗会现场，"杜甫"穿越而来。扮作杜甫的主持人带学生们一起回忆了好几首引以为豪的诗作。又带领学生们按春、花、秋、月，"以字想诗"。最后，拿到"花"字的班级，以黄花诗、梨花诗、荷花诗、梅花诗、桃花诗……共19句带"花"字的诗句，获得了赛诗会的第一名。

在穿越古今的课堂——杜甫草堂，学生们收获的是从课本中学不到的东西，感受到的是悠久的历史和灿烂的文化。学生们更全面地了解了大诗人杜甫，内心被诗人简朴的生活、忧国忧民的情怀所触动。

这次四川之行，孩子们感受到了四川深厚的文化底蕴，了解了它悠久的历史、独特的民俗风情和风土人情。通过参观实践，激发了学生对自然、人文科学的浓厚兴趣，并提高了他们的综合素质，如合理安排时间、学习科学知识、获得动手技能、建立环保意识、养成独立的习惯、有自我保护意识、懂得自律……

虽然行程只有短短四天时间，但孩子们真的长大了，老师们也收获了沉甸甸的师生之情。

金沙遗址与古蜀文明

吴丹　刘春

迎着成都少有的春日，六年级学生的赴川实践课之行来到了位于成都市西郊苏坡乡金沙村的金沙遗址博物馆，开始了一次神秘的金沙之旅，目的在于参观镇馆之宝，了解巴蜀文化。

动身前，同学们就在网上了解了有关金沙遗址博物馆的情况。金沙遗址博物馆是一处商周时期的古蜀文化遗址，遗址内已发现祭祀区、宫殿区、墓葬区、居民生活区等等，被誉为21世纪中国第一个重大考古发现。古老的青铜文化，正是巴蜀的魅力所在。

大巴车在博物馆门口停下，我们迫不及待地跟随着讲解员的脚步，踏上了古蜀文化之旅。

同学们首先来到了遗迹馆。一个个巨大的探方映入眼帘，探方旁的屏幕展现着挖掘时的情景；一根根粗壮的乌木展现眼前，诠释着古老的文明。珍贵的象牙在这里出土，古老的金箔、玉器、石像在这里被挖掘……神秘而古老的巴蜀文化，使我们沉醉在其中。同学们边走、边听、边记，还时不时地轻声交流几句。

看到这些巨大的探方，大家更想一睹这些宝物的真容！怀着对知识的渴求，同学们迅速赶到了珍藏着许多宝物的陈列馆。在这里，大家见到了梦寐以求的太阳神鸟金饰和金面具。太阳神鸟金饰是古蜀文明中的一朵奇葩，更是四川文化的象征，是金沙遗址博物馆的镇馆之宝。它由四只太阳神鸟的图案环绕，中心散发出十二道光芒。传说，商周时期的人们都信奉太阳神，而太阳神鸟就是太阳神的化身。别看太阳神鸟金箔很小，它却非常珍贵，是金沙遗址博物馆中含金量最高的文物。

两件金面具，也是非常珍贵的文物。金面具也很小，大的有十几厘米高，小的只有七八厘米高。金面具做工很精细，非常精致，在展柜灯光的照射下漾起金色的光影。面具两眼突出，耳边有云朵状的花纹。看着这些几千年前的能工巧匠们巧夺天工的设计与制作，每个人的心里都不由得荡起自豪之情。

参观结束后，老师带领同学们来到了活动区，这是考古小课堂，大家要在这里做一回小小考古学家呢！同学们打开面前盛满秘密的小盒子，取出沉甸甸的石膏块，手持小凿子和小刷子，小心翼翼地或轻轻敲击，或慢慢清扫，一点点、一块块地将埋藏其中的宝贝挖出来。同学们干得满头大汗，鼻尖上、脸颊上蹭上了石膏泥灰，可是，一个个眼神专注、神情肃穆，有谁敢说他们不是小小考古学家呢？

远古金沙人留给我们一本厚厚的"书"，学生们在短暂的三小时里"翻阅"。在金沙遗址博物馆，同学们深切地感受到了古人的智慧，了解了商周时期的历史、古蜀的文化，还学会了考古的方法。经过这次锻炼，同学们都长大了，丰富了自己，学会了团结协作，懂得了友爱互助，大家满载而归！

探访武侯祠　品三国文化

袁文萌　陈良军

"出师未捷身先死，长使英雄泪满襟。"唐代大诗人杜甫的一首《蜀相》饱含了千百年来中国人民对蜀汉丞相诸葛亮鞠躬尽瘁、死而后已精神的深深敬意和缅怀。这次府学胡同小学六年级学生成都社会实践课，第一站选择到武侯祠参观学习，目的就是让学生身临其境感受三国文化，缅怀先贤，感受华夏文明的精髓。

行车途中，导游讲解到，三国惠陵指的是蜀汉先主、汉昭烈帝刘备的陵墓，位于四川成都市武侯祠诸葛亮殿之西南侧，是三国时期唯一保存着的帝陵。由于惠陵和诸葛亮殿在一起，所以合称"武侯祠"。

走进大门，"汉昭烈庙"四个苍劲有力的金印大字格外夺目。信步于林荫小道，学生们的心已完全沉浸在蜀汉故土，置身其中感受着三国文化。在老师的组织下，同学们在汉昭烈庙留下了本次成都之行的第一张合影。

刘备殿正中是汉昭烈皇帝、蜀汉王朝的开拓者——刘备的塑像。只见刘备端坐于龙椅上，身着黄金长袍，头戴黄金冠，一双吊凤眼微睁，嘴角微扬，双耳齐肩，胡须垂于胸前，手持玉圭，好像在说："军师此计甚妙！"两侧偏殿，东有关羽父子和周仓塑像；西有张飞祖孙三代塑像。塑像栩栩如生，既表现了关羽、张飞两人的不同外貌和性格特点，又反映了两人武艺超群、勇猛过人、忠心耿耿的共同特征。

同学们聆听老师详细讲解刘备、关羽、张飞兄弟三人的不同性格特点和跌宕起伏的精彩人生，对三国的历史、文化有了新的认识和了解。有的孩子对《三国演义》这部名著产生了再次阅读的兴致；有的孩子想到南阳、洛阳等与三国有关的地方继续感受三国的魅力；更多的孩子则通过参观武侯祠，对自己民族的文化有了全新的感悟，民族自豪感油然而生。

吟诵着"出师未捷身先死，长使英雄泪满襟"，学生们来到纪念诸葛亮的祠堂——诸葛亮殿。在两对红灯笼的掩映下，"三顾频烦天下计，一番对晤古今情"别具风姿。祠前高悬"名垂宇宙"的匾额，两侧挂有一副颇负盛名的对联："能攻心则反侧自消，从古知兵非好战；不审势即宽严皆误，后来治蜀要深思。"殿内正中是诸葛亮的贴金塑像，他身披黄金袍，头戴纶巾，一手持孔明扇，另一手扶膝，胡须垂于胸前，仪表端庄。

想当年，诸葛亮辅佐刘备，南征北战，鞠躬尽瘁，为蜀汉王朝的建立立下汗马功劳，被后人所敬仰！现如今，武侯祠丹楹画栋，我们怎能不忆金戈铁马缅怀先贤？

同学们一路上讲着刘备、关羽、张飞桃园三结义、刘备三顾茅庐、关羽过五关斩六将、张飞当阳桥单人喝退百万曹兵、诸葛亮运筹帷幄决胜千里之外的经典故事，沉浸于《三国演义》的精彩篇章中。看来，行前已经做好了功课。

"惠陵在这里！"我们穿过竹林掩映的石径，只见银杏树遒劲而伸展的树枝延伸到了"千秋凛然"的匾额顶上，这里便是刘备墓。院内有三座木亭，木桩上雕着芙蓉，横梁镂空，使人从内心深处感受到了"薄羽轻纱，冷香罗帕，明月西风小楼"的静谧。

不知不觉夕阳西下，暮色渐近，美好的时光总是很短暂，同学们满怀着不舍和敬仰之情，完成了赴川第一节综合实践课程——武侯祠的学习。享有"三国圣地"美誉的武侯祠，刘备礼贤下士、尊贤重能，关羽忠肝义胆、义薄云天，张飞忠心耿耿、仁义诚信，诸葛亮鞠躬尽瘁、死而后已的精神将牢牢根植于师生的心田。

探访武侯祠 品三国文化

都江堰大熊猫保护研究中心游学小记

周艳龙　王荣

2016年4月9日，游学的孩子们参观了中国大熊猫保护研究中心——都江堰基地。这里紧邻大熊猫栖息地，拥有适宜大熊猫生活的自然环境。与其他基地有所不同，这里不仅是熊猫观赏与科普教育基地，而且承载了熊猫救护、疫病防控、老龄大熊猫护理等专项职能。

置身于依山傍水、翠竹连绵的青城山上，看到活泼可爱、憨态可掬的大熊猫，孩子们立刻兴奋起来，而随后的各项活动更是让他们欢呼雀跃。

熊猫的食物来源中99%以上是竹类植物，因此，孩子们接到的第一项任务便是栽种竹子——"植一片绿竹护国宝，留一份回忆为伙伴"。竹节处的小刺稍不留神就会划伤手指；用一米多高的铲子，铲土挖坑也不轻松。有的孩子边干边喃喃自语："熊猫熊猫，一定要记得，虽然我们很快就会离开，但我们种下的竹子是留给你们的，你们一定要好好吃饭，长得胖胖的……"学生们挥锹铲土，种下了一棵棵竹苗，为熊猫留下了一片绿色，也为自己留下了美好的回忆。

第二项任务是熊猫写生。孩子们细致观察、自由表达，并充分展现他们的艺术才能和创新能力。孩子们笔下的大熊猫可谓千姿百态，大大小小、胖胖瘦瘦的熊猫有的在吃竹子、有的在睡觉、有的在嬉戏……风格迥异的画作或写实、或写意，但每一幅作品都是那么个性鲜明、妙趣横生。大家围坐在一起互相借鉴、互相研讨，还有几个幽默的同学不时打趣一番，笑声此起彼伏，佳作层出不穷，惊喜连连，其乐融融。

午餐后，启动了第三项任务——为熊猫制作营养窝头。期间，孩子们亲眼目睹了工作人员用丰富的食材为大熊猫准备营养配料，并有学生代表亲手参与制作窝窝头。和、拌、揉、蒸四道工序缺一不可，要求精准细致。孩子们感慨道：任何工作，都要尽心尽力，否则，对责任的怠慢就是对生命的辜负。一项小任务竟能引起孩子们如此深入的思考，在意料之外，却也在情理之中。

随后的参观可谓喜忧参半。喜的是，孩子们亲眼看到了熊猫界的名人——"盼盼"，以31岁高龄、130多个后代被誉为英雄熊猫爷爷。只见它静卧在石头上晒太阳，尽管已略显老态，但仍然精神矍铄。能见到它算是不虚此行。忧的是，孩子们通过纪录片了解到大熊猫的濒危现状，以及大熊猫救护与疾病防控的艰巨任务。看到孩子们眼中闪烁的泪光，我们隐约也看到了希望，相信他们当中一定有人会为此付出自己的真诚与汗水，也期待孩子们的善良与美好能够为这个世界带来更多改变。

短暂的行程转瞬即逝。看到孩子们围着导游争先恐后地问东问西、孜孜不倦地记录查询、真心诚挚地彼此帮助、阳光灿烂地欢笑嬉戏……作为老师，似乎找到了心中更广阔课堂的样子：教师不再是知识的灌输者，而是课堂的引导者、组织者、启发者以及资源的提供者与整合者。学生不再只是被动地记忆、僵化地服从，而是在做中学、学中做的过程中，自行建构学习的意义、领悟学习的方法、参与学习的过程、交流学习的感受……在这样的游学中，教学相长将不再是可望而不可即的口号，而将是助推师生共同成长的动力。

难忘的"粮"心之旅
——赴中粮成都产业园参观学习纪实

周悦　梅丽丽

2016年4月7日,天高云淡,微风和畅,湿润的空气带着温暖的气息扑面而来,仿若同学们此时的心情,畅快雀跃,宽广明亮。怀揣着对粮食产业的疑问与好奇,深藏着对粮食发展现状的探究与思考,满载着对粮食加工未来的希望与期许,来自府学胡同小学六年级的全体师生,走进了中粮成都产业园,展开了一场难忘的"粮"心之旅。

粮油"一家亲"

中粮成都产业园坐落于素有"天府之国"美誉的四川成都,承载"粮达西南,安全营养,惠泽四方"的使命,汇集了米、面、油、淀粉糖、饲料、粮贸六项主营业务,如同"六架马车",致力于打造具有强大市场竞争力和现代化水平的粮食流通、加工平台……在工作人员的讲解声中,同学们探访粮食产业的旅程开始了。

这趟旅程丰富而充实,同学们先后参观了油脂厂、大米厂、面粉厂、淀粉糖厂、饲料厂五个加工厂,见识了铁路散粮运输专用线的优越功能,体验了中粮"五湖大米""香雪面粉""福临门食用油"等知名品牌的良心品质,还亲自品尝了"现场出炉"的香喷喷的松软面包和甜滋滋的淀粉糖水……

但大家最感兴趣的还是别开生面的"互动时刻","为什么中粮产业园偏偏选在了成都呢？""请问，为什么要把大米、面粉、淀粉糖这些工厂建在一起呀？"同学们有备而来，看来为了这次参观学习提前没少下功夫！工作人员也认真为大家做了详细的解答，他们用浅显的语言、生动的事例给予同学们满意的答案。通过工作人员的讲解，大家了解到以成都为中心的川西平原，耕地集中，土地肥沃，河渠纵横，水稻、小麦和油菜产量高而稳定，是四川和全国著名的商品粮油生产基地。而将粮油米面加工厂都建在一起则是因为现代粮食产业体系中需要具有生产、加工、运输等一体化的全产业链的思维，就是要让粮油米面真正成为"一家亲"。

小麦"变形记"

在面粉生产车间，先进的生产线正在紧张有序地工作着，17道加工工序牢牢吸引住了同学们的目光。"原来生产出我们食用的面粉要经过这么多道关卡呀！"同学们不由感慨着。

在这里，有国际最先进的色选机。小麦先要进行"沐浴更衣"，经过清洗后才能进入专用管道，通过气流的作用完成去皮、粉碎等加工，然后经由输送机被传至磨粉机……在面粉制粉车间，看不到飞扬的面粉和满地的小麦，只有轰隆作响的生产线，必须仔细观察，才会发现，生产线上有透明的部分，小麦就像一个个调皮的孩子，在里面不停"跳舞"。经过这样缜密完整的工序，小麦才会像灰姑娘那样，实现完美的蜕变，变成我们看到的粉白细腻的面粉。这样的场景让同学们异常兴奋和雀跃，他们三三两两地凝神注视，并不停地在学习手册上做着图文并茂的记录，看来是收获颇丰啊！

淀粉糖的"甜言蜜语"

"哇！都是大品牌啊！真没想到。""这些都是添加淀粉糖的产品啊？""原来我们平时吃的喝的里面的甜味都是因为有淀粉糖啊！真神奇！"一走进淀粉糖厂，同学们就被眼前陈列的商品惊住了，七嘴八舌地议论了起来。经过工作人员的讲解，大家了解到这些产品都和中粮的淀粉糖有着密不可分的关系。淀粉糖用它无色无味、使用方便、口味好、热量低及营养丰富等"甜言蜜语"吸引住了诸如可口可乐、百事可乐、蒙牛、娃哈哈、康师傅等国内外知名商品，成为了其中的成分之一。

在淀粉糖厂，同学们参观了淀粉糖生产的全过程。在这里，有全自动离子交换系统与颗粒活性炭再生技术等国际先进的工艺，实现淀粉从液化、糖化、蒸发等过程，最终实现成为淀粉糖的梦。听完讲解，同学们争先恐后尝品起淀粉糖水来。真甜！带着唇齿间的甜蜜，大家纷纷感叹，意犹未尽，回味无穷。

散粮不"散慢"

来到中粮产业园的"大动脉"——四川唯一的散粮装卸专用线，同学们了解到铁路线的投建和使用情况，知道了散粮运输较包装粮运输在包装、搬运、卸货环节的优势。同学们议论纷纷，原来以为散粮运输会较包装粮运输更慢，更麻烦。没想到反倒是散粮运输具有效率高、成本低、损耗少、无污染等优势。这些只有在中粮产业园的铁路散粮运输专用线亲眼目睹、亲身体验才会了解。

同学们还参观了全程封闭式的散粮专列列车及机械化控制的装卸。机械化操作，散粮专列几分钟就能完成粮食的装卸，真是太令人惊奇了！真可谓是"运输有专线，散粮不'散慢'"。

咔嚓咔嚓，伴随着相机的快门声，府学小学六年级师生在中粮成都产业园的"粮"心之旅定格在集体合影中。照片里，大家的笑脸如成都和煦的微风、湿润的空气般舒适绚烂，那是收获的喜悦，更是美好的憧憬。

"粮"心之旅不仅让同学们在参观探访中收获了知识，激发了兴趣，体验了快乐，更是将爱惜节约粮食、探寻研究粮食的种子播撒在孩子们的心田。正是这颗小小的种子，沐浴着阳光，生根发芽，结出最丰硕的果实。也许未来，府学学子中会有更多的粮食专家，为祖国的粮食事业而潜心研究，执着奉献！

正所谓"今日访中粮，童心素手揭秘稻谷缘；明日探华夏，豪情壮志开创粮油先"。

图书在版编目 (CIP) 数据

行走在生命旅程中.述学篇/马丁一主编.—北京:学苑出版社,2017.5
(府学优质教育资源带教师文集)
ISBN 978-7-5077-5227-4

Ⅰ.①行… Ⅱ.①马… Ⅲ.①小学教育-文集 Ⅳ.① G62-53

中国版本图书馆 CIP 数据核字 (2017) 第 107629 号

责任编辑：任彦霞
出版发行：学苑出版社
社　　址：北京市丰台区南方庄 2 号院 1 号楼
邮政编码：100079
网　　址：www.book001.com
电子信箱：xueyuan@public.bta.net.cn；xueyuanyg@sina.com
印　刷　厂：廊坊市晶艺印务有限公司
开　　本：700mm × 1000mm　1/16
印　　张：8.75
字　　数：102 千字
版　　次：2017 年 5 月第 1 版
印　　次：2017 年 5 月第 1 次印刷
定　　价：56.00 元（全 2 册）

府学优质教育资源带教师文集

行走在生命旅程中

述学篇

主编 马丁一

学苑出版社

◎ 主　　编　马丁一
◎ 本册主编　王慧旻
◎ 编　　委　（按姓氏笔画顺序）

　　　　　　王　刚　　王　剑　　王　娜　　王　敬　　王　蕊
　　　　　　王冀平　　白银松　　刘慧琴　　闫福杰　　许银萍
　　　　　　芦　旭　　杨　艺　　肖印涛　　吴建成　　张　估
　　　　　　张　梅　　张思宇　　张莹莹　　范学军　　林殿兵
　　　　　　金　莹　　周艳龙　　周献青　　胡志军　　徐　岩
　　　　　　郭　珩　　屠　静　　雷　悦　　薛　彤

　　教育是一项创造性的工作，需要滔滔不绝的源头活水。学校是学习的地方，更是引发学习的地方。立身以立学为先，立学以读书为本。为此，府学优质教育资源带倡导教师团队的终身学习。

　　府学所提倡的学习，是广义的学习——既学习知识，又学习技能；既可向书本学习，又可向实践学习；既可讨教于专家，又可借鉴经验于他人……无论采取哪种学习方法，我们都力求达到三个方面的学习成效——学以立德、学以增智、学以致用。

　　在府学，读书是汲取精华的学习方式，实践是传承文化的学习方式，游览是开拓视野的学习方式……全体教职员工与经典为友，与大师对话，与博览同行，享受学习的快乐；用心灵吸收，用文字外显，用语言表达，分享学习的快乐。

　　嘉言懿行，博闻精思，汇成一篇篇"述学报告"。"述学报告会"短则一个多小时，长则一天连续几个小时，也不能将教师们撰写的所有精妙文章"一网打尽"。从德能修炼到视野拓展，府学"述学"涉及深远而广阔的时间与空间。

　　府学有着深厚的文化底蕴。文化底蕴是什么？就是分享人类精神成就的广度和深度，就是学识和精神的修养。它需要长时间的积累、沉淀；需要博览群书，需要体验生活；更需要对书籍和生活所涉及的内容进行思考。

　　围绕着"述学"，府学教师在学习空间中，博学专攻，提升学习力；在研究空间中，实践反思，形成创新力；在生活空间中，体验感动，凝聚精神力；在展示空间中，相互激励与启迪，彰显府学的文化力。

序 言

在府学，学习就是 Open your heart；学习就是 Do it yourself，学习就是 Step by step，学习永远没有休止符。

要么读书，要么旅行，身体和心灵，总有一个在路上。

校长　马丁一

2016年5月11日

目　录

开启学习之旅
....王慧旻 / 1

一　快乐读书屋

读书，我们必需的生活
....金莹 / 5

教书在读书中提升
....王剑 / 9

《我们为什么做教师》读后感
....吴建成 / 13

细节决定成败　细节成就完美
....张莹莹 / 17

关注学习科学——读《人是如何学习的》有感
....范学军 / 21

用数学家的眼光教可爱的数学
....王刚 / 25

寻找破解文化密码的钥匙
....刘慧琴 / 29

读《别人的教育》做自己的教育
....郭珩 / 33

目录

享受着 快乐着 幸福着
.... 徐岩 / 37

二 快乐研究会

在研究中成长
.... 雷悦 / 41

合作研究 共同提高
.... 范学军 / 45

2014年培训有感
.... 杨艺 / 49

我的"三联针"——录课有感
.... 王敬 / 53

课题就在身边
.... 雷悦 / 57

在追寻自我发展的道路上痛并快乐着
.... 屠静 / 61

读《值得过的生活就值得回味》学写叙事随笔
.... 郭珩 / 65

教科研学习体会——研究资料的积累
.... 肖印涛 / 69

"实践"与"实悟"
.... 许银萍 / 73

三 快乐旅行团

不抛弃 不放弃——登泰山有感
.... 周艳龙 / 77

小中见大——游香港迪士尼
.... 王冀平 / 81

"平时"和"细节"
.... 闫福杰 / 85

日本的小与大
.... 周献青 / 87

日本八日自由行
.... 胡志军 / 89

我认识的佐藤先生
.... 胡志军 / 93

四 快乐和谐家

新 辛 欣 心——用心阅读府学
.... 王娜 / 99

勿以善小而不为
.... 薛彤 / 103

在"府学"这块沃土成长
.... 张佶 / 107

学习 思考 实践
.... 白银松 / 109

目录

宝剑锋从磨砺出　梅花香自苦寒来
.... 林殿兵 / 113
扬起风帆　重新起航
.... 芦旭 / 117
我是新教师　我在"府"中学
.... 张思宇 / 121
圆梦
.... 王蕊 / 125
"中国好人"彰显精神力量
.... 张梅 / 129

开启学习之旅

王慧旻

学习是从既知世界到未知世界之旅。在这个旅途中,我们同新的世界相遇,同新的他人相遇,同新的自己相遇;在这个旅途中,我们同新的世界对话,同新的他人对话,同新的自己对话。

学习是教师职业生命的一部分。年轻教师要"冲刺"学习,成熟教师要"挑战"学习,因为学校是追求"卓越"的场所。在府学的校园中,无论是教师的"教",还是学生的"学"都必须是"卓越"的。这里所说的"卓越"并不是指谁比谁更优秀,而是指每个人都能各尽所能地追求最高境界。府学人知道,只有这样才能持续保持府学优质教育的水准,甚至实现对府学优质教育新的"创造"。

每每"述学"都会令我回想起第一次从校长口中听到这个词,自己的反应是"述学"的"述"字是哪一个字?"述学报告"该怎么写?经年累月居然颇有心得。

述学报告述"知"更重述"思",从阅读思考中,展现自己的知识结构与人生背景;述学报告述"事"更重述"悟",用他人思路启迪自己,重在自己的践行;述学报告述"人"更重述"情",讲述人性温暖的体验,并以自己的言行温暖别人;述学报告述"历"更重述"理",经历是"视角"的行走,讲述的是扬弃中的学以致用。简而言之一句话:"用足够的人生经历去学习。"真正的学习是一种修炼与对话的过程。因此,我们不仅要学习,还要述学。

"述学报告会"上,从处于不同年龄阶段、处在不同职业生涯阶段老师们的精彩发言中感受到，人生是一个不断前进的过程，是一个日新又日新的过程。一茬儿一茬儿的新任教师起步时可能不免"步履蹒跚"，但未来的"出类拔萃"却更加值得期待。年轻的翅膀总是渴望飞翔，飞翔就要不断磨炼翅膀。学习，给自己一份信心，给明天一个惊喜。而年长者则欣赏着岁月的沉淀和时间的幽深，在人生的路上迈着温和中饱含着刚健的步伐，在渐进中积累着回忆和纪念。

围绕"述学"这个核心，一直以来，我们倾心学习，在繁忙工作之余，利用碎片化的时间进行着长期的有效学习，做学习型教师；我们静心思考，总结实践中的成败得失，明确发展方向，做反思型教师；我们潜心研究，在工作中研究，在研究中工作，做科研型教师；我们用心写作，或将感性的实践智慧理性化，或让高不可攀的知性理论落地，做专家型教师。

"行走在生命旅程中""用今天的学习塑造明天的教育""关于学习与成长的行走""创建学习共同体"述学报告会……也会思考校长为什么要将"述学"进行到底。我们的学校不仅要为学生创造幸福的学习生活，更要为儿童铺垫更幸福的未来，这是校长卓越的教育见识；我们的学校要为每一位教师向教育家成长提供平台，这是校长坚定的角色担当；我们的学校文化核心是"教师成长"，这是校长灵动的系统思考。为使我们摆脱"工匠型"教师的羁绊，走向"反思型"教育家的成长，我们的学校正缓缓地推进着一场"静悄悄的革命"。

教育是创造未来的事业，而未来永远是属于那些今天努力学习和勤奋工作的人们。今天，如果我们不生活在未来，那么明天我们就将回到过去。

一

【快乐读书屋】

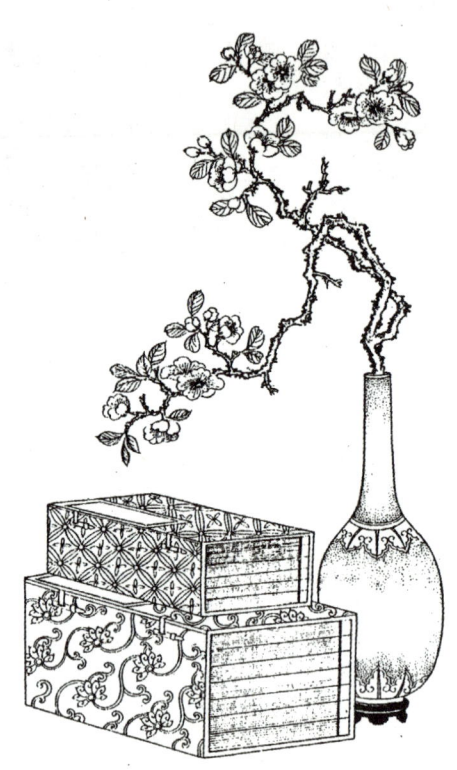

读书，我们必需的生活

金莹

假期中，阅读了特级教师窦桂梅教学艺术专辑。其中，"成长心得"里的一篇文章《读书，我们必需的生活》深深地吸引了我。

书中提到，读书是最高级的精神美容，是最有效的营养剂。我们必须"挤"时间、"抢"时间，甚至是"挣"时间读书。她自己就经常把书放在背包里，随时随地展卷，随时随地记录。参加会议、活动前后，点滴闲暇时候都可以利用。她说，有时哪怕只读一会儿，余下的时光里，就算闭目养神，口中仍留有余香。是啊，作为教师就要善于利用时间，在平时的工作、生活中挤时间，见缝插针的读书，从中获取信息、丰富知识、储备谈资、激发灵感。

书中还提到，读书是最长远的备课。为了讲《秋天的怀念》，她几乎把作家史铁生的全部著作通读一遍；备《圆明园的毁灭》一课，她深入钻研对这一历史事件有着不同评价的论著；为了讲好图画书，更是收集了整整两大书柜图画书，反复对比、琢磨。讲台上的她也因此总是充满自信、底气十足，总能展现文本背后的精彩，使自己的教学保持着很高的水准。窦桂梅文学素养的获得、精彩课堂的生成没有他途，靠的就是广泛的阅读。是读书，让她的教育和生活之路走得更开阔、更深远、更宽广。

因为博览群书，窦老师从一名代过音乐、数学、美术、思品课的"替补队员"，成长为小学语文界知名的特级教师之一；因为博览群书，窦老师能在诸多的公开课上彰显智慧，把孩子们引向一条又一条清澄而富有感染力的美文之溪；因为博览群书，窦老师在一场场讲座中激情满怀……她读书不是为了应付检查，更不是为了应付某一天的某一节课。读书，是出自她内心的需要和对知识的渴求。

"读书破万卷，下笔如有神。"这个道理谁都知道，但是自己却很少抽出时间读书。总是认为自己的工作负担太重，整日被备课、上课、批改作业、管理学生、处理问题所包围，大量的时间都泡在课堂上、教室里。晚上回家还要照顾孩子、干家务活儿……哪有时间看书？无论是客观因素还是主观原因，当读书没有形成兴趣的时候，当读书没有养成习惯的时候，"没有时间"便顺理成章成为了最好的借口，读书自然成为了一种负担。

现在想来，时间对每个人都是公平的，就看你如何利用它。就是每天抽出半个小时，长期坚持，你就会发现，每天的半个小时阅读会让我们的精神世界丰富起来、深刻起来，变化不知不觉就会发生。一名教师，尤其是一名语文教师，在举手投足之间就会多一点儿书卷气，多一分儒雅味儿。

在阅读名师、感受名师的过程中，在不断的自我反思中，渐渐领悟到，作为一名睿智的教师，仅仅周而复始地工作是远远不够的，还得能用心、贵坚持，在不断阅读、不断实践、不断反思中，获得专业的不断发展。

虽然自己不能像窦老师那样出口成章、下笔成书，但试着将自己在阅读中学到的点滴经验运用到语文课堂教学中，课后记录点滴感悟形成了教学反思，一篇篇教学反思稍加整理，撰写成教学论文，积极参与征文投稿，居然有所收获：《调动学生积极参与课堂教学的实验报告》获北京市基础教育科学研究论文二等奖；《让语文课堂充满生命的活力》获北京市第五届京研杯优秀论文三等奖。

　　身为教师，只有书读多了，知识面广了，领悟力强了，在课堂上才会如鱼得水、游刃有余；课堂才能高潮迭起、精彩纷呈。这样，学生就会在享受中快乐学习，教师就会在享受中轻松施教。

　　"阅读不能改变人生的长度，但可以改变人生的宽度；阅读不能改变人生的起点，但可以改变人生的终点。"让读书成为我们每个人的自觉追求，成为我们生活中的一部分吧！让那些历经时间沉淀依然流光溢彩的文字走进我们的心灵；让那些永远闪烁着思想光芒和人性光辉的经典著作浸润我们的生命！

　　读书，是教师必需的生活。

教书在读书中提升

王剑

读书是吸收,是欣赏。教书是付出,是分享。教书辛苦,教书很累。因为教书是把自己一生读书的收获与学生分享。正所谓"博观而约取,厚积而薄发",教师只有拥有扎实的文化功底、厚实的文化积淀,才能打动学生的心灵。

作为体育教师,我一周有18课时的教学任务,平均每天3.6节课;学生每天一小时的体育锻炼,要担任组织工作;还有武术训练,一周至少三次,每次一个半小时左右,基本上在校时间都被排得满满当当,没有时间和精力学习了。

但现实是,不学习肯定要落伍。这个矛盾怎么解决呢?著名教育家魏书生的一组数据给出了答案:魏书生工作40年,6年担任工厂宣传干事,教了34年语文课,当了22年班主任,23年校长,12年教育局长兼党委书记。即便是在担任教育局长兼党委书记的12年间仍写了68本日记……这是属于魏书生人生的坚持。许多事情非不知也,是不行也;非不行也,是不恒也。我想,读书和学习便需要这种坚持。

体育教师要坚持学习,体育教师的学习要结合实践,在实践中学习、为实践而学习。读书,不可能什么书都读,而是精读书、读好书。哪些书符合这一要求呢?追问的结果是:有两本书体育教师必须要读。

一本是苏联教育专家苏霍姆林斯基的《给教师的建议》。

苏霍姆林斯基"是个主张个性和谐发展的教育理论家和实践家,他可以说是苏联教育思想的集大成者,他的相信孩子、尊重孩子,用心灵去塑造心灵的思想是教育思想宝库中的瑰宝",这是顾明远先生对他的评价。

从体育老师自身理论的构建上看,正缺乏这方面的积淀,并且,读这本书有几大好处:一是朗朗上口,读起来没有文绉绉的感觉,体育教师多读会对自身写作有很大的帮助;二是深刻的教育哲理在文中呈现得浅显易懂,有利于体育教师教育理论的积淀;三是文章的篇幅短小精悍,每一篇文章都是独立的,不会影响对下一篇的理解,体育教师读一篇文章不会需要太多的时间。

另一本是中国现代教育家陶行知的《陶行知教育名篇》。

陶行知是现代著名的教育家,对他有这样的评论:"一个没有读过陶行知的书的人,怎么可以在中国做教师呢。"

读陶先生的书,其实与读苏霍姆林斯基的书有异曲同工之妙,都是将教育的深刻道理讲得浅显易懂,且文体丰富,用笔自然,没有生僻之感。还有一点非常关键,就是这两位教育大家的书中,不仅告诉我们道理,还告诉我们如何实践、实践什么。这对教师来说,是太珍贵的宝藏了。因此,这两本书教师必须要读。

读书,最大的收获是让我领悟到人生的真谛,使我对生活充满信心。读书的时候是快乐的,因为我在书中找到了心灵的归宿,得到了精神的满足,"读一本好书,就像跟高尚的人谈话一样",我如痴如醉地从书中汲取着营养。放下书本,我仍保持着那份自信、快乐和诗意。因此,有书的日子,生活时时发亮,精神时时振奋。

读书如品茶,教书似酿酒。品茶,品其味、品其意、品其香。读书亦如此,其味,酸、甜、苦、辣……人生百味尽在其中;其意,独立、博爱、知识、智慧；其香，清淡、醉人……一本好书如一种好茶，百年不淡，千年犹芳。

教书似酿酒，远没有品茶的诗意，是一种内敛的功夫，一种超越的境界，一种非凡的气度，而这所有的一切均来自读书的魅力。尤其是教育名著，是教书人追求的思想精华。苏霍姆林斯基，为我的教育点亮一盏明灯；陶行知，让我懂得了教育的真谛。腹有诗书气自华，当读书带来内心的美丽和充实时，当读书使我在课堂上挥洒自如时，我体验着读书创造的快乐与精彩。

读书因为教书而进步，而深入；教书因为读书而精彩，而新颖。对此，《学记》中也有精辟的表达："虽有佳肴，弗食不知其旨也；虽有至道，弗学不知其善也。是故学然后知不足，教然后知困。知不足，然后能自反也；知困，然后能自强也。故曰教学相长。"让我们在读书中了解"以往"，并为"未来"做好准备。

《我们为什么做教师》读后感

吴建成

最近拜读了索尼娅·尼托（美国马萨诸塞大学教育学院杰出的语言和文化教授）主编的《我们为什么做教师》一书，感受颇多。书中向我们展示了一个个教师作为个体，怎样步入到教育行业中来，又是以怎样的态度对待自己这一份职业的真实过程。读着读着，不免联系自己，我为什么做教师？

1. 因为天生喜欢这个职业？好像不是。

2. 因为这个职业比较稳定，不喜欢动荡的感觉？其他职业也有稳定的呀。

3. 因为自己的某位老师对自己影响很大，所以选择了他（她）的职业？好像也缺乏这样的经历。

4. 因为……

一、认同观点

在《我们为什么做教师》这本书里，21位教师也并不都是"天生就是教书的材料"。他们或是中途改行的中年人，或是刚入行的新教师，但他们都认为教书让他们的生活变得更有意义；教书使他们成为更完整的人。用美国本杰明·拉什的话说：人站得高些，不但能有幸早些领略到希望的曙光，还能有幸发现生命的立体的诗篇。每一个人的人生，都是这诗篇中的一个词、一个句子或者一个标点。你可能没有成为一个美丽的词，一个引人注目的句子，一个惊叹号，但你依然是这生命的立体诗篇中的一个音节、一个停顿、一个必不可少的组成部分。这足以使你放弃前嫌，萌生为人类孕育新的歌声的兴致，为世界带来更多的诗意。所以，我愿意成为一名普通的教师，去实现我的人生价值。

二、联系实际

我为什么做老师？是因为这份工作让我感到光荣；一个个学生的进步让我感到喜悦；让我体现人生价值与意义。我为什么做老师？是因为天真无邪的孩子熏陶影响着我保持着一颗珍贵的童心；我为什么做老师？是因为学校的环境和谐温馨；我为什么做老师？是因为校园环境幽雅美丽，空气清新；我为什么做老师？是因为学校环境有利于我学习，不断地探索、思考，丰富自己的学识与道德修养，特别是像府学这样具有悠久历史和厚重文化底蕴的学校，更是让我对人生有了别样的理解。尽管我在物质上并不富裕，但我却是精神上的富翁。

要做好老师这份工作并不是一件容易的事情，我为了"应付"课堂上学生们千奇百怪的提问，花大量的时间查找相关的教学资料；我为了让学生们能够充分理解吸收讲解的知识，绞尽脑汁研究出适应学生个性学习的有效教学方法；我为了培养学生的学习兴趣，深入接触学生，了解每个学生丰富而又具有个性的心灵世界，尊重每一个学生的个性，因材施教，努力帮助每一个学生最大限度地发挥他们的潜力与天赋；我为了浸润教学的文化内涵，挖掘知识内在的文化背景，翻阅历史典籍，从数学方面的《九章算术》中寻找知识的历史，从兵书中的《孙子兵法》中品味策略和智慧，从孔孟的圣人之训中提炼统领的思想，初步形成了自身独有的教学风格。

正是这样的积累，让我在近三年（2014－2016年）的教学工作中，获得各类奖项30余项。其中，执教市区级研究课9节，获奖论文8篇，其中全国一等奖1篇，市一等奖2篇；获奖教学设计3个，其中全国一等奖2个；出版物发行两项，录制光盘4张，其他奖项若干。我把这些许的荣誉和成绩看成新的起点，让它们鞭策着我继续向前。

三、反思重构

要当好教师，要有科学的思维方式。在工作中，对待问题要多问"为什么"，学会理性地思考和分析。我乐于请教，勇于思考，广于阅读，善于积累，勤于写作，努力去理解"厚积薄发"的深刻含义。我认为只要今天的我比昨天有进步，长此以往，必然越来越好，从而达到自己可以达到的最好程度，同时也为教育事业做出自己最大的贡献。

做一个好教师是我一生的追求，我愿为之付出青春和全部的热忱，我愿用心去书写那份对教育事业的爱和忠诚。

细节决定成败　细节成就完美

张莹莹

2013年9月,学校给每位教师派发了一本书《细节决定成败》,每周二的全体会之前,全体教师都会在郭校长的带领下集体阅读。虽然用了三个学期的时间才把整本书阅读完,但对于作为青年教师的我来说,意义是重大的。

书上说,细节是一种精神。我不仅从书上看到了"细节"所呈现出的巨大能量,更从身边小事感受到对教育者而言,"细节"就是敬业精神。一次,二至六年级外出开展"蓝天工程"博览课活动,由于外出教研教师比较多,个别班级配班教师人数不够,郭校长得知这个情况后,马上就说"把我加进去,我下午没有会"。就这样,郭校长在那一天变成了二年级的配班教师,一路上不辞辛苦、全程陪同,细致地关注着每一位学生的人身安全。从《细节决定成败》一书,我读到了对"细节"的透彻说明;从校长的言行,我感受到了一种价值的引领,从而领悟到郭校长带领什锦全校区共学一本书的深意。

对自己而言,细节就是能否认真细致地做好每一件小事。除体育教学外,我还担任了排球队的训练工作。刚开始接手时,面对着一双双渴望的眼睛我不知道从何教起,一大堆问题在我脑海里穿梭却得不到答案。我一有时间就会在网上或书中找一些相关的资料自我充电,结合学生的特点做好每周、每月、每学期的训练计划。我还向朋友们请教青少年训练时的注意事项及训练方法。

每周进行三次两个小时左右的排球训练,是三位体育教师一天最忙碌的时刻。针对不同年级进行不同方式的训练,让每一位热爱排球运动的小队员在这里可以进行最好的锻炼和学习。每次带队比赛完后,我都会找时间召集所有小队员做一个简短的赛后总结,让每一个人畅所欲言,谈谈参加比赛的所见所闻。学生家长对我工作的肯定,学生训练比赛时满脸的笑容就是我最大的动力。

十几年营销实战中的摸爬滚打,汪中求写成了《细节决定成败》,而我们又何尝不是在写文章,是用心在写一篇关于爱与责任的大文章?在这三年里,带队参加过很多比赛,有成功,也有失败。在北京市传统校比赛中取得两次第三名,一次第四名,两次第六名的成绩。由于自己带领的队伍在每次比赛中都可以取得不错的成绩,两次被评为"优秀教练员"。

书中有一句话:"小事成就大事,细节成就完美。"在2015年府学优质教育资源带运动会准备中,我对这句话有了更深刻的感悟。

我主要负责的是什锦校区排球健美操的排练工作。由于整个校区学生人数有限,在这个队伍中有一大部分学生都不是健美操社团的学员,所以对整套动作的节奏和对新音乐的把握都稍显生疏。为了让这些学生可以很好地完成本次表演,我把整套动作做了一些改动,少了一些复杂的上肢动作,增添了一些队形的变化,使整个表演更加符合本次运动会的主题。每当有新的想法时,我就会在课间跑到操场边与参加表演的学生们一起研究动作的可行性,然后在课间操大排练时,大家一起做一下新的动作,让每一个参与表演的学生都参与到此次表演队形、动作的编排中。

万人运动会当天,在"七彩阳光"广播操展示、"展翅翱翔"

活力啦啦操表演完后，"意气风发"课外体育活动展示开始，作为跆拳道、武术、足球、篮球、排球等十几个传统与现代体育项目的展演队伍之一，排球健美操表演队展示了府学什锦校区学生的风采。

虽然只是整个资源带运动会开幕式中的一个小小的表演队伍，但正是这些小小的表演方阵，小小的方阵中每一个小小的表演者——学生，小小的表演者背后一个个渺小又高大的身影——指导教师，共同组成我们资源带万人运动会的壮观场面。我们不是一个独立个体，我们是整体中的一员，只有将一件件小事做好做到位，才能成就一件大事。

三个学期学习《细节决定成败》，"泰山不拒细壤，故能成其高；江海不择细流，故能就其深。所以，大礼不辞小让，细节决定成败。"作为一名青年教师，我们更需要注重细节，也许过于平淡，也许鸡毛蒜皮，但这就是工作，是生活，是成就大事不可缺少的基础。三年教师生涯，实战中摸爬滚打，学到的绝不是花拳绣腿的功夫。教育者最难的是提升自己。只有学习，才能让我们有章可循，才能让我们超越自我，才能让我们在平凡中取得不平凡的成绩。今后，自己会用一生的时间去学习，并用实际行动写好教育这篇大文章。

细节决定成败 细节成就完美

关注学习科学
——读《人是如何学习的》有感

范学军

早就知道国内较早关注"学习科学",并在实践层面有所建树的,是原八中校长、超常班创始人龚正行。假期买了一本《人是如何学习的》,粗略读完一遍,迫不及待地想谈谈自己读后的感受。

始终觉得读老外写的书是一件不易的事情,有些小说读起来尚且都很困难,更何况是这么一本有关"学习科学"的理论书籍。这或许是中外文化基础不同、思维方式迥异的原因吧。所以在读这些书时速度都会放得很慢,尽量去理解其意义。陶渊明先生的"好读书、不求甚解。每有会意,便欣然忘食",才是最高境界。

从字面上看,《人是如何学习的》当然是一本学习理论方面的书,但它又不仅仅是心理学理论,更强调大脑、心理、经验、学校四个要素在学习中起到的作用。对我的启示有以下三方面。

一、学生的学习:从猜测到科学

学习科学的最初研究主张用内省法反思自己的思维过程,借此来分析人类的意识。进入20世纪,行为主义诞生了,强调"刺激"与"反应"之间的联结,认为学习动机主要受驱动力影响。这种看法把学习看得太过简单。认知心理学关注学习者内部心理变化,提出了"理解性的学习",强调已有知识的重要性以及学习的主动性和元认知等。

理解学习是新的学习科学的特征之一。学生的学习应该把重点放在对知识理解的过程上。然而，我们的许多课程都强调记忆而非理解，因此，课本中充斥着那些希望学生去记忆的事实，并且大多数测验都是在评价学生记忆事实的能力。

最新学习观认为，新知识的学习必须从学生现存的知识结构中构建。教师需要注意学生带入课堂的一些错误的或理解不充分的"天真的理论"，然后设计情境帮助学生获得更成熟的理解。大量证据表明，当教师注意学生完成学习任务时已经具有的知识和信念时，学生的学习效率会得到极大提高。这一点倒是和我们科学组现在研究的课题《关于学生前科学概念的研究》不谋而合。

二、教师的学习：从新手到专家

谈了学生的学习，就不能不谈到教师的学习。因为教师在学生的学习活动中起着至关重要的作用。本书启示我们要主动自觉学习，不断提高自己的学习能力；要参加各种课程的培训，与其他老师互相学习，在实践中不断提升自己的能力；在教学中运用学生中心、建构主义、以深度代替广度等方法，提高教学能力。

书中还阐述了专家与新手的区别，提出专家为什么是专家。除了他们掌握了大量的知识外，更重要的是他们形成了有效的思考和推理的独特方式。这部分内容对我现在的学习很有帮助，给我提供了一种新的可借鉴的学习方法。

身为教师，我们不仅要学好自己的专业知识，更多的应该是学会如何更好地运用它们，使知识"条件化"，当儿童遇到问题时，我们才能够有效地帮助他们，而新手就会吃力一些。所以我们要多实践，了解儿童真正需要的，以便更有效地完成自己的工作。

三、科学的学习：从当下到未来

本书还指出学习科学是未来发展走向，强调了学习环境设计的四个维度：学习者中心、知识中心、评价中心和共同体，并且特别强调这四个视角要相互一致。

20世纪90年代欧、美、日都开展了学习科学研究，在我国也引起了极大关注。新课程改革主张从学习方式的角度改善学生的学习，网络学习、研究性学习、现场学习、实践学习等方兴未艾；从学习风格分析学生的学习还少有人涉及，这些都给我们留下了广阔的实践与研究空间。

似懂非懂地看完了此书，对很多问题的理解还停留在字面上，有的甚至从字面上也理解不了，但有一点是明白的，这本书是在关注"人"是如何学习的；关注人的心智和大脑是如何发展的；关注学习者先前经验的影响；关注有效教学。

教师要学习一些"学习科学"，才能指导学生"科学学习"，这本书非常经典，值得一读、再读、再三读！

用数学家的眼光教可爱的数学

王刚

有一个文学评论家提出过一个观点,说"最好的诗是数学"。此言一出全国哗然,但是我非常喜欢,因为觉得只有在数学和诗学里面,人的精神才能够进入一个比较纯粹的境界。数学把对世界的认知符号化、纯粹化,诗学把对世界的认知提升之、激扬之。

为了完成人教版教材配套读物的编写工作,我查阅了大量的资料和书籍,在数学这个很特殊的精神世界里,感觉着人类智慧的奇妙激情与创造发现。为此我重温了张景中院士编著的《数学家的眼光》一书,从中寻找到了合适的素材,改编成小学生能够理解的科普读物。记得我第一次读此书是在大二的时候,当时就被书中用独特的视角来看初等数学吸引住了,还就书中《三角形里一个点》展开了讨论,写了一篇小文。

《数学家的眼光》讲的不是解某一类数学题的技巧,它告诉读者的是思考数学问题的思路和方法,重在帮助读者全面提高解决数学问题的能力。《数学家的眼光》被中外专家誉为一部具有世界先进水平的科普佳作。

数学家的眼光和普通人的眼光不同。在常人看来十分繁难的问题,数学家可能觉得很简单;常人觉得相当简单的问题,数学家可能认为非常复杂。

《数学家的眼光》通过一系列中学生熟悉的"简单的问题",说明数学家是如何从这些普通的、众所周知的事实出发,步步深入、分析和挖掘出有广泛应用的深刻规律，使读者了解数学家做事、看问题的思路和方法。同时显示出数学的深刻、透彻，能够达到一般讨论所不能达到的地步；又展示了数学家的穷追不舍、孜孜以求探索真理的治学精神，使读者在读来既轻松、又兴味盎然的情景中了解并慢慢学会解决数学问题的思路和方法。

《数学家的眼光》引领我进入了数学的境界。在这个境界里，只剩下了智慧，只剩下了推理，只剩下了妙悟，还有最纯粹的想象。有些内容我也不能做到百分之百的理解和融会贯通。作为小学教师，学习大师的思想，利用数学家的眼光看待数学，重新审视小学数学，把这些思想和方法，经过我们传递给学生，带领学生感受在黑暗中求索光明照耀的狂喜，让学生们和我一样对各种数字和形状都充满感情。

在张景中院士主编的《走进教育数学》丛书中，还提出了一个"教育数学"的概念，有别于数学教育。简单说，就是改造数学使之更适宜于教学和学习。张院士给出了一个形象的比喻："把学数学比作吃核桃。核桃仁美味而富有营养，但是砸开才能吃到它。有些核桃，外壳与核仁紧密相依，成都人形象地叫它们'夹米子核桃'，如若砸不得法，砸开了还很难吃到。数学教育要研究的，就是如何砸核桃吃核桃。教育数学呢，则要研究改良核桃的品种，让核桃更美味，更营养，更容易砸开吃净。"

读了上面的话，使我不禁想到小学数学特级教师吴正宪来我校做的题为"好吃又有营养的数学"的一场报告。其观点与张院士有颇多相似之处。吴老师更侧重于教学实践，而张院士则上升到理论高度，在改良数学知识及知识的组织方式上下功夫。

在一般人眼中，数学意味着繁难的计算、无尽的逻辑推演，以及如天书一般的公式和符号。我重点阅读了丛书中张景中的《直来直去的微积分》和林群的《微积分快餐》。这两本书各自从不同的角度重新建立微积分基础理论，使微积分变得浅显、直观、易懂且不失严谨性。高等数学可以优化改革创新，我们的小学数学呢？现在小学学的数学知识，都是数学中最基本的、常识性的知识，是经过千锤百炼的成熟品。除了教学方法的改进，还有优化改革的余地吗？

　　这个问题我还不能马上给出答案，也没有现成的答案。但是这个问题会像一粒种子埋在我的心里，激励我在实践中不断地积累，在反思中不断地前行。希望有一天这粒种子可以在"教育数学"这个开放求新的园地中生根发芽，开花结果——让孩子们在"数字、数量关系，形体、形状，相等、不等"等数学概念中感受数学的可爱。

用数学家的眼光教可爱的数学

寻找破解文化密码的钥匙

刘慧琴

成为一名国学教师后，就充满了历史感。此前作为语文教师，对传统文化的学习不过是课本中那几十首古诗，上学时学过的那几十篇古文。如今承担了府学国学校本课程《论语》《笠翁对韵》教学工作，学习就成为工作和生活的重心。无论是备课还是上课，都面临着从未有过的挑战。这样的挑战促使我踏上了学习国学的征程。

中年级学习的《笠翁对韵》涵盖的内容非常杂，可以说是中国传统文化中的大百科全书。除此以外还涉及了音韵学的内容。高年级学习《论语》，教学中最难的是把经典条目讲清楚，还要与现实生活相联系，让学生感受到经典历久弥新的文化价值。

初为国学教师一直经历着"挂黑板"和"掉书袋"学习的过程。回答不出学生提出的问题或是自己也不会就是"挂黑板"。在教国学的初期，学不好、记不牢就会被府学博学多才的学生问倒，被"挂黑板"的尴尬真没少遇到。"掉书袋"是指爱引用古书词句卖弄才学，现在常常形容那些爱卖弄学问的人。对自己而言，能够卖弄点国学方面的学问，那可不是贬义，而是褒奖了。所以，努力学习，争取能多"掉"几回"书袋"是为了捍卫国学教师的尊严。

于是年近四十开始国学启蒙，几年来，居然也找到了几把走进国学宝库的钥匙。

1. 学点文字学

汉字是国学第一大学问，承载着中华文明的精髓。在《论语·克己复礼》教学中，为了更好地让学生理解"礼"的内涵，以"礼"字形演变为切入点，借助《说文解字》，从文字学角度，阐述礼由祭祀源起，当前要"释礼归仁"及儒家"内仁外礼"。文字学知识帮助学生理解了中国传统"礼"文化的传承。这样的情况遇到很多，甚至要用到《康熙字典》。就连《康熙字典》的查阅也是从零学起。

2. 学点音韵学

《笠翁对韵》教学离不开音韵学知识。小到四声二元化、韵脚韵部平水韵，再到平仄相对、对联结构。这些音韵、对仗知识，都含在《笠翁对韵》每一篇韵文里。教学《十灰》一课，遇到韵脚和韵部押韵不工整的现象，因为怕学生提出这个问题而被"挂黑板"，借助《佩文韵府》了解到这是古人合并韵部所致。不出所料，四年级8班的一个男孩子提出了这个问题，自己也就很"得意"地"掉"了一回"书袋"。

3. 学点训诂学

作为国学老师最苦恼的不是找答案，而是找到了答案不知道哪一个最合适。《论语·诲人不倦》一课"子曰：默而知之，学而不厌，诲人不倦，何有于我哉"这句话中的"何有于我哉"有三种解释：经学家郑玄认为是"不难"；理学家朱熹认为是"不敢"；《四库全书》中认为这是夫子自居之词。是经学家错了，还是理学家错了？原来都没有错，自己探究的领域涉及到了训古学。于是，把三个答案都抛给学生，一石激起千层浪，选择哪种答案的都有，且只能说出肤浅的看法。心想，就把这个大问号留待他们有可能接触训诂学的时候再去深入探究吧！

4. 学点文献学

谈到文献，这门学问太过枯燥，而且积累起来很有难度，学习文献就是为了传承中国古代优秀文化。在国学教学中会涉及到很多文献，如《战国策》《史记》《左传》等古籍，其艰辛的学习过程与课堂上的游刃有余相比似乎也算不得什么了，这就是一个国学老师的甘与苦。

5. 读点儿原文

朱老夫子说过，大学孔氏之遗书而初学入德之门也，于今可见古人为学次第者独赖此篇。既然是入德之门、独赖此篇的大作，作为国学教师怎么能没研读过呢？自己案头这本《大学》是清朝乾隆版本，译文是文言文，且用繁体字书写。（选这个版本也是为了学点儿繁体字）在没有现代文译文的情况下，读来真是生涩难懂。

读了原文，更深刻地感受到做事应专心致志、深入思考。深入思考，找到了方向，做到了"止"，就能把目标以外的事暂时放下，内心就平静，看事物也就有平常心了，就得到了"安"，思想客观、朴素便是"虑"，最后的收获便是"得"。这一系列犹如蝴蝶效应般，若能一步步实践，结果肯定是好的。一句话，确定了方向，内心平静，有了安，虑，便可得。

中华民族拥有六千年中华文化底蕴，府学学府拥有六百年礼乐教化积淀。三年国学教学，找到五把"钥匙"，也只是开启了破解国学密码的第一扇门，离登堂入室仍旧相去甚远！"国学教师"这四个字岂是读几本书就能承受的？唯有读书、修身、明德，循环往复才能得以正其名。我的"大学"在路上。

寻找破解文化密码的钥匙

读《别人的教育》 做自己的教育

郭珩

这个假期我读了一篇中外教育对比专访——《别人的教育》，文中记述了分别到美国、澳大利亚、德国和英国读书的中国家庭的故事。阅读过程中，欧美小学生的学习生活一幕幕呈现在眼前。在看到中外教育差别的同时，更对中国教育改革的前景充满了向往和期待。

你能想到吗？在澳大利亚，校长路过班级门口时，会突然拐个弯进来给学生们表演个魔术。校园里听不到琅琅读书声。上课时，老师在教室中间，学生们随便围坐在小桌子旁读着喜欢的书。他们可以随意问老师问题，可以自由自在地说话，有的学生还走来走去。他们回家后的作业却是像《我所知道的中国文化》这样天大的题目。而正是在完成一个又一个天大题目的作业之后，学生们不仅能够在图书馆里熟练地用计算机做作业，查找各种自己所需要的资料，还善于钻研不懂的东西，并知道到哪里去寻找答案。

美国的基础教育是"广积粮"，到高中以后才是"高精尖"。在美国，英语课最重要的授课方式同样是阅读。一上课，全班学生就拿起自己携带的书籍，花上至少20分钟进行静读。平时会以头脑风暴、思维导图的方式代替普通的写作。数学课上，中国小学生用九九乘法表就能解决的计算题，美国小学生要组成讨论组，写下具体过程。科学课上，平时做一些科学小实验，期末考试要完成一个"科学生态项目"……从中可以感受到，美国小学并不急于传授确定的知识，他们的学习是建构式的，通过多样的学习内容和方式，让孩子在不知不觉中建立基本知识体系和思维结构。

了解西方教育史就会知道，杜威、蒙台梭利是对西方现代教育影响最深刻的教育思想家，虽然他们提出改革基础教育的方式各有不同，但核心观念都是一个——孩子是教学的中心。美国、澳大利亚都呈现出教育是在尊重儿童人格和天赋的基础上进行的。

反观我们的教育，为了让学生达到既定的评价标准，会让学生死记硬背一些概念化、模式化的内容，以记忆学习内容的多少，完成题目的质量评定学生的成绩。而西方教育认为，对人的记忆而言，有两件事比死记硬背更重要，一是知道到哪里去寻找比自己的记忆多得多的知识；二是能够综合运用这些知识开发新的创造能力。过多向小孩子灌输知识，既不会让他们知识丰富，更不会让他们变得更加聪明，还会扼杀人的创造力、推理能力等。西方的教育观点与国内的教育模式相比，究竟孰优孰劣，现在争议还是蛮大的。

上学期，一年级、二年级期末考试有了重大的改变，从以往的笔试变成了乐考。学生们走进老师精心布置的考场，仿佛走进了一个温馨的"语文百花园"。学生通过"妙语连珠花""知书达理花""出口成章花"三个板块，很好地展现了一个学期的学习收获。在与老师面对面的交流中，学生更直接地感受到了来自老师的鼓励和赞扬。当他们拿到盖满印花的"采蜜卡"时，难以掩饰心中的快乐。很多学生甚至不想离开考场，还想再多与老师交流一会儿。这样的考试增强了学生的自信心，让学生体会到了学习的快乐。孩子们更加喜爱语文了。

其实，这种快乐期末考试，西方早就进行了。美国加利福尼亚州，一年级、二年级学期末会举办一个大型派对，学生、老师和家长共同庆祝快乐学期的结束。澳大利亚教育主张顺其自然，充分尊重学生天性。考试时，老师会发给学习能力有差异的学生两份不同的卷子。这样就不会有优等生和差生这样的判断，也不会要求所有孩子齐刷刷地达到同样的水平。

纵观"新课程计划"实施这一个学年，学生的在校生活更加丰富多彩。"班班唱"、课本剧、艺术节、运动会、足球比赛、啦啦操比赛……每个孩子都有上台表演的机会，都有展示自己潜力的平台。在活动中，学生学到了更多课堂上学不到的知识。

活动增多了，考试形式变换了，但是素质提升与应试能力如何兼顾？老师们仍然很纠结。考试，总有一些所谓"需要动笔""必须掌握"的内容，出题人也总是想把问题挖得再深一点儿，并以对这些内容的掌握情况评价学生。为了保证成绩，老师们会选择将这些内容给孩子强化训练一下，这无疑会加重学生的负担。

读《别人的教育》做自己的教育

其实在学习极为轻松的西方，也是有评价的。在德国，每学年末，家长都会收到针对自己孩子的报告。报告中详细分析了学生每门课的完成情况，做出了什么样的努力，达到了什么样的水平，表现出什么样的特质以及跟平均水平的比较等等，甚至具体到每一天的出勤情况。澳大利亚老师会在数学、科学、社会学习、学习习惯、社会技能、阅读及书写各方面对学生做出有针对性的评价。这里有老师对学生的平时观察，以及学生表现出来的相关能力或者欠缺。数学方面，老师会说，你可以用英文数数，可以认识一些基本的形状了；科学老师会说，你几乎已经学会怎么做一个科学家，知道怎么推断以及怎么做实验了。只有对学生情况非常了解，才能做出如此细致而又人性化的分析。

只有真正把学生当作教学的中心，以学生的发展作为教育目的，这样的教育才能令人印象深刻，这样的教育才是真正的教育。借鉴他国教育的成功经验，是为了做好我们自己的教育。

享受着 快乐着 幸福着

徐岩

曾经看到过有媒体在街头随机采访,问过路人:"你幸福吗?"出租司机说"我今天拉够了车份儿就幸福";有个年轻人说"我把房贷还完了就幸福了";老大妈说"给儿女做饭,晚上一家人在饭桌上有说有笑的就幸福"。采访的人不同,答案也就不同。只有在自己的生活、工作中找到自己的快乐,并且去享受这份快乐,幸福才会时常伴你左右。

假期中,有幸读了一本名为《做一个幸福的教师》的书,这本书里的很多句子摘自《论语》,我读不太懂,但从中也汲取了一二,愿与大家分享。

书中反复提倡要勤读书、多读书、读好书。古人云,书中自有颜如玉,书中自有黄金屋。作为一名教师,要想有深厚的文化底蕴,就要多读书。读书是教师生命成长的必需,是提升人格的途径。

通过阅读,向大师汲取智慧与思想,与大师进行心灵对话。久而久之,便会渐渐向大师靠近,自己的思想境界也会越来越高,在知识越来越丰富的时候,进而生成属于自己的思想与智慧。阅读高层次的书籍,相当于拓宽自己生命的维度,可以使我们拥有智慧的人生。拥有了智慧,就可以从一块石头里面发现一道风景,从一粒沙子中感悟灵魂的律动……值得注意的是,读书不是一时的事情,需要我们去坚持,并形成一种习惯,成为生命中不可或缺的事情。读书不仅仅是为了工作,更是为了自己的精神追求,让我们读起来,用古今中外的经典滋润我们的生命！

　　书中还谈到：人生的幸福指数取决于你是否拥有平和的心态。迢迢人生路上，既要有所作为，又要有所不为；既要自强不息，又要随遇而安；既要有高远的人生追求，又要有脚踏实地、勇往直前的精神；既要有所追求，但又不强求……是啊，在物化的世界里，我们还要给自己创设一个心灵的自由空间，学会克制不良情绪，适时调节心情，让自己年年快乐，天天快乐，时时快乐！

　　以前，时常抱怨身边不如意的事情。抱怨太累了，没有精力管孩子；抱怨工作压力大，经常身体不适；抱怨挣钱太少，赶不上飞涨的物价……读过此书我顿悟了，其实环境不会因为你的抱怨而改变，只有通过自己的努力，才能真正实现生命成长。试着换个角度思考问题，情况就会有翻天覆地的变化。工作累了照顾不了孩子，这正是锻炼他（她）独立能力的好机会；工作压力大身体不适，那正是提醒自己要加强锻炼的信号……只有放平心态，一切才会变得更美好。要改变自己抱怨的习惯，把用来抱怨的时间和精力都用在阅读好书、研究教学等有意义的事情上，用心平气和远离浮躁的心境，细细品读自己所拥有的真实的幸福。

　　《做一个幸福的教师》一书净化了我的心灵、陶冶了我的心境，让我体会到已经拥有的就是最好的，就是幸福的。幸福是健康、是快乐、是宽容、是自信……老师们，让我们做一个快乐的、幸福的教师吧！用我们的执着、用我们的智慧、用我们的爱与宽容在成就孩子们的同时，成就我们自己的幸福！

一

【快乐研究会】

在研究中成长

雷悦

一直以为教育科学研究是高不可攀的,那是在校大学生、研究生应该考虑的问题。自己只是一名普通的小学教师,平时工作已经很忙碌了,没有更多的精力再去关注科研。学校"教育科研日"活动的启动,北京教育科学研究院韩淑萍博士的亲临指导,转变了我的这一观点。

一、科研帮我适应新的角色

2010年7月,我结束了六年级毕业班的工作,9月就将迎来一年级新生。由小升初的中小衔接,一下子转入小幼衔接,真的感到有点儿茫然。听说"教育科研日"韩博士辅导着幼小衔接课题的研究,便抱着听听看的心理参加了几次活动,几次讲座听下来很有收获。当我看了同组苏杰等老师参加幼小衔接课题对家长进行的问卷调查,家长写的一篇篇困惑与要求,我感到了责任的重大。

学期末,韩博士给我留了写《关于幼小衔接问题研究文献综述》的假期作业,到底怎么对文献进行研究?怎么对文献进行综述呢?我一头雾水。于是我先认真阅读博士推荐的《教育研究方法导论》,从中知道了文献综述就是阐述"别人是怎样解决这个问题的"。接下来,我读了韩博士推荐的54篇关于幼小衔接问题的研究文章,并对其进行了分类:1篇《俄罗斯幼儿园与小学衔接问题新探》,8篇对学生进行心理分析,13篇关于幼儿园如何建设,15篇关于学校应该怎样做,12篇针对课程安排的研究,5篇研究者的心得体会。我写出了3万多字的文献研究综述。开学后，在韩博士的帮助下我又将其提炼、概括、归纳为5000字。我知道了什么是幼小衔接，怎样帮助学生过渡幼小衔接敏感期。

二、科研帮我转变"问题学生"

在与韩博士的单独交流中，我提出了班里特殊学生小马的教育难题，韩博士让我针对他进行个案研究，并为我辅导了如何撰写个案。我知道了把自己的做法及当时的真实想法记录下来，并对此进行反思，就是个案研究。此后，我每周上交1篇个案研究记录，共撰写了十余篇。这一篇篇文字不仅记载了在我的不懈努力下，小马的点滴进步，也记载了在韩博士的精心指点下，我在科研上的点滴进步。

三、科研帮我找到研究方向

2012年新学期一开学，听说可以进行课题立项，我产生了试一试的想法。于是我再次认真阅读《教育研究方法导论》，知道了经典的实验研究始于"问题和假设"。问题是"我遇到了什么困难"，假设是"我打算怎样解决我的问题"，接下来需要考虑研究的方法、预期目标与成果。

我开始思考研究方向：是做关于小幼衔接的课题，还是继续做小马的个案研究？通过文献研究我认为关于小幼衔接课题对我来讲研究空间过大，况且学生已经上二年级，过了"小幼衔接"的时期，我决定把小马的个案研究转化为课题——《小学初入学学生行为不良矫正策略的研究》。

通过文献研究，我发现初入学学生的"适应不良"与"行为不良"这两个概念在文献中有相混淆的现象,且对于初入学学生行为不良策略的研究较少,因此通过研究可以辨别初入学学生的"适应不良"及"行为不良",以便及时对"行为不良"给予有效纠正。我觉得这个课题研究是非常有针对性、实效性的。

在韩博士一次次润物细无声的授业、解惑过程中,我渐渐走近了教育科研。一路走来,我发现课题就在我们的身边,不是高不可攀而是信手拈来;不是消耗精力,而是减轻负担,研究的过程与结果实实在在地在为我们的工作服务。学习做科研使我们更明白应该怎样做教师,应该怎样教学生。这次课题是否立项成功并不重要,重要的是在和韩博士学做科研的过程中我的教育教学能力、科研能力得到了提高。当今社会需要的是研究型教师,不断提升师德、师能,并能学以致用,是我们学习的目的。课题研究不是一种负担,而是一种乐趣,是一种动力,我会坚持走下去。

学校教科研培训为我们搭设了一个专业发展的平台,当我们还不识"科研""真面目"时,参加培训吧,你会发现其实你已"身在此山中",只是自己"云深不知处";当我们在研究中感到"山穷水复疑无路"时,参加培训吧,你会在专家的点拨、同伴的帮助下发现"柳暗花明又一村"。

合作研究　共同提高

范学军

苏霍姆林斯基说过："如果你想让教师的劳动能够给教师带来一些乐趣，使天天上课不至于变成一种单调乏味的义务，那就应当引导每一位教师走上研究的这条幸福的道路。"

教师的专业成长是一个终身学习、不断解决问题的过程，是教育实践能力、教育经验等不断成熟、不断提升的过程。一个教师要更好地提升自身的专业水平，教学研究必不可少。

老师都具有"在场"研究的特定优越性，这是专业研究人员无法企及的。教而不研则浅，研而不教则空。以科研促教改，对提高教师自身的素质大有裨益。在实践中验证教育预知，在验证教育预知中改革实践，则可以实现专业的真正发展。借以专业发展、在吸收专业理论研究的基础上，教师运用的教学方法、教学手段等，得以科学化、艺术化，可以使教师的日常教学行为更合理。

以往我常常是自己进行研究，然后写篇小论文，有局限性，对大家的影响也不大。在参加了北京市特级教师工作室的课题研究之后，我认识到只有大家合作才能使课题研究更全面、更深入、更有效，更有指导意义。

我们科学组第一个合作研究的大课题就是"校外教育资源的开发与利用"。我们认为充分利用博物馆资源向学生进行科学教育，是科学课程实施的重要途径之一。全组教师到自然博物馆实地考察，寻找与科学课对接而且又是课堂教学不能替代的内容。确定教学内容后,我和徐岩老师承担了教学设计和上课的任务。全组老师一起带学生到自然博物馆去上课,没有授课任务的教师担负起管理学生的任务,使得授课教师顺利完成了教学任务。撰写的课例分获一、二等奖,教学设计分获二等奖、三等奖,成绩的背后是全组老师的功劳。

在此基础上,我们又接受了北京教育科学研究院委托研究的任务,确定了"小学科学课上对电信博物馆资源开发与利用"的课题。在对北京通信电信博物馆进行全面考察后我们写出了开题报告,并在和专家交流的过程中阐述了我们的想法:1.博物馆资源涉及多学科的内容,如何能有多个学科老师的介入?2.如何在研究中不只是做一个讲解员,利用好资源,并发挥学生的主体作用?专家建议我们从不同侧面挖掘电信博物馆中的资源,与教材结合,带领学生开展课题研究,最终形成系列的校本研究成果。基于本课题的研究,学校撰写了成果性论文《人文教育与科学教育有效融合的实践研究》,获全国一等奖。

2011年,我们组申报、立项了东城区教育规划课题"依据小学生前科学概念选择教学策略的研究"。现已完成开题,进入研究阶段。一个人的研究是有限的,所以我们科学教师全员参与、全员研究、全员受益。开展研究前我们首先学习相关理论知识,推荐大家阅读《儿童的科学前概念》一书,达成共识。然后,我们又学习《科学教育的原则和大概念》一书,确定要测查哪个主要概念的学生前概念水平。大家一起编写调查问卷,进行测查和分析,一起探讨学生前概念水平及形成原因。接下来,大家再一起学习《前概念与科学概念转变的学习心理机制》。最后,进行基于前概念的教学设计、教学策略研究。以典型课例的课堂实录呈现教学过程,同时通过课堂观察反馈学生学习情况，然后再改进，从而寻找前概念转变为科学概念的方式、途径、规律等。

这些合作研究给了我们很多启示：一线教师的教育科学研究活动，既有个体钻研的性质，更呈现研究共同体的活动状态。个人研究力量有限，难以进行较大、较深问题的研究。研究过程中缺少信息的交流和研讨，出成果颇为不易。团队研究中，所有成员有分工、有合作，研究共同体中每个成员研究智慧和经验不断积累，最终能形成高水平的研究成果。

"依据小学生前科学概念选择教学策略的研究"是每一位科学教师都要面临的课题，相信通过我们集中全组力量，刻苦攻关，可以取得研究上的突破。

合作研究　共同提高

2014 年培训有感

杨艺

这个暑假，最大的收获是通过参加境外教师培训班，使我的教师专业素养得到了很大的提升。从 7 月 2 日起，由教育部外事部门组织的，为期 15 天的一线英语教师外教口语培训班悄然开班了。这次培训过程远比想象中的要辛苦，但也正是这些天的辛苦让我受益颇多。

这次培训一共有四门课程，分别教我们英语专业知识和上好一堂课的方法。最开始的一两天实在是难熬，最大的问题在于我自身的单词量。这些来自加州的老师们，基本上一句中文都不会，他们讲课完完全全都是英文，有好多专有名词，而且语速十分快，理解起来很困难，我不得不词典不离手，边听边查。外教们还会留许多预习作业，以便第二天的学习会更加顺利。基本上，每天都要有 30~40 页的内容需要预习，也有大量的单词需要查字典才能明白意思。除此之外，还有许多需要进行展示的作业，外教们会留一些小的教学主题，请老师们以小组为单位进行准备，并在课堂上展示。由于我们来自各个不同的学校，所以只能下课后留在教室里，把今天的集体作业完成后才能离开。但离开，并不代表我们可以回家了。老师们都知道，7 月初正值学期末，学校里还有许许多多的工作要做。每天下午，无论天气有多炎热，我和吕晓莉都在胡新杰老师的带领下骑车 30 多分钟赶回学校，完成我们正常的教学任务。那段时间，基本上每天都是我们三个最后离开办公室。

说到这里,最让我感动的就是英语考试当天。早晨,我一早来到学校,把听力材料拷入各班电脑,待考试开始后,我便赶去上课了。我已经做好了回来需要一个人判卷子到很晚的心理准备,但当我到办公室后却惊喜地发现杜平老师知道我是第一年工作,手慢,主动帮我判完了大部分的卷子,任建军老师也帮着我一起给判完的卷子算分,那份感动和感激真的无以言表。

很快,放暑假了,但我们的培训还没有结束。这段时间,我们是以实践为主,也是我认为对我帮助最大的一周。在这一周里,每天都有来自不同学校的老师带领大家做不同的活动,我既学到了可以丰富我自己课堂的活动,更学到了其他老师们的钻研和创新精神。使我感触最深的一点就是我们虽然来自不同的学校,但我们对孩子们的爱是相同的。我们无以回报自己的恩师们,却可以像他们一样,同他们一起,乃至接替他们,去爱更多的学生!"长大后我就成了你",我相信这不仅仅是句歌词,更是我们在座每一位教师的选择和信仰。

作为一名英语教师,我一直在负责学生科技英语比赛的相关事项,更有幸成为了府学雏鹰科技学院的导师。暑期,学院的很多辅导老师都在备战全国科普日的展示项目。自己没帮上什么忙。9月20日,科技学院老师受到邀请,可以派两名教师聆听"科学探究与科学本质的研究与教学"的一个高端讲座。不巧,9月20日正是全国科普日展示的日子。与科技教育密切相关的领导、教师都在现场,不能前往。我接受了任务,周六、周日两天,在北京师范大学聆听了科学教育世界级顶尖专家的全英文讲座。

雏鹰科技学院成立一年来,我参与的6次针对我们14名指导教师的相关培训中,感受到"科学探究"已经进入了科学教育的教育内容，科普日展示的5个项目就是很好的证明。"科学本质"是什么？如何进入教学内容，引发了我的好奇。两位专家用一个个体验活动和画龙点睛的讲解，使我这个非专业人士了解了"科学本质"的内涵，和它进入科学教育内容的策略。一不留神，我被两位专家带到了科学教育的前沿。

在府学工作一年来，我在教育行政部门搭建的英语学科专业发展平台和府学为老师提供的跨学科拓展学习平台两个领域中学习，让我感触最深的就是更真切地认识到了"课标"中的那句话，英语学习具有人文性和工具性。作为英语老师，必须努力做到不仅要让学生能够学好英语，还要培养他们用英语去学习其他学科知识的能力；作为语言类学科，还要培养他们用英语交流表达的能力，让他们用英语发出中国人的声音。

在英语组内，我要做一名善于学、善于教的青年教师；在科技学院，我将尽力让自己成为一名知科学、懂科学的英语老师，给喜欢英语、热爱科学的孩子们更多的指导和帮助。

我的"三联针"

——录课有感

王 敬

假期里,我参加了BDS课的录制。录制过程给我的感觉,就像孩子小时候打的三联针。

第一针:消除杂念,树立信心的强心针。

结束西安愉快旅行的当天早晨,我接到了录制BDS课的任务。说实话,以前公开课、开放课上得确实不少,对于我来说上一节这样的课并不很难。可是通过参与近两届的"东兴杯",帮助选手备课,我感到现在上一节公开课越来越难。至于BDS课的录制,我也有过参与,在帮助本组老师录课时我已经见识到了,这种课不同于一般的课,一没有学生,二有严格的时间限制,尤其不习惯的是那个镜头,那哪是镜头啊,简直就是一个放大镜。

其实在我的心里还有一个障碍,那就是年龄问题,毕竟是快50岁的人了,虽然多年的教学实践使我积累了不少经验,但恰恰是这些经验在一定程度上限制了我的思维,使得我在备课时考虑问题比较保守。

现在回想起来我写的教案初稿效果不太理想,可是在整个备课过程中,校长一直在鼓励我,启发我。万事开头难,当我再一次把课的导入部分发送给她之后,她发给了我七个字:太好了,妙不可言!这是我接受的第一针,给了我莫大的信心。

第二针：打开思路，确定方案的营养针。

以前也看过不少讲座类节目，其中最喜欢看的就是《百家讲坛》节目，王立群、于丹、康震的讲座几乎集集不落，但是从来没有考虑过，为什么他们的讲座那么吸引人。这一次录课，让我做了一次换位思考，如果我是主讲人，我要用什么吸引观众呢？在讲课的过程中，没有人真正跟着我一笔一笔地去写。学生们要的是丰富的知识、生动的语言和强大的视觉冲击力，然后受到启发，进而喜欢上书法这门学科，这就达到了此次录课的目的。

思路打开后，方案就好确定了。我在授课的最后环节，安排了大量的图片，按三个方向展示：一是各个时期的书法精品，开阔学生视野，进行分析和欣赏；二是散落在各地的摩崖石刻图片，鼓励小观众去实地考察和参观；三是应用于生活中的书法，启发他们去实践。

一节讲捺的书法课，可以拓展成欣赏课、考察课、实践课等等，这样的课没有孩子不爱上，对处于基础教育阶段的小学生来说，这不就是理想中的课堂吗？

第三针：找人帮助，完善设计的美容针。

有了好的想法并不是万事大吉了，更需要细细雕琢，才能成为一节好课。刚刚录完课的吴丹老师主动来到学校，帮助我把教学设计梳理清楚，使语言流畅。我讲课的课题虽然很鲜明、具体，但总觉得不够诗意，换了许多词汇都觉得不合适。最后还是吴丹老师出主意说，既然"捺"这个笔画变化那么多，它在一个字中举足轻重，我们不如用"灵动"这个词来形容它。于是我的课题改为《灵动的捺》，这个课题与最初的《捺的写法与变化》相比感觉美了许多。

我想，备课润色过程就像是女人做了一次美容，去其瑕疵，留住真实，放大美丽。

最后我想总结一下录课的过程中自己的情感变化：备课之初是忐忑、迷惘的，理清思路之后是欢欣雀跃的，得到帮助和帮助别人是快乐、幸福的。

这就是我的"三联针"。

课题就在身边

雷悦

一直以来有这样的感受：搞教育科学研究谈何容易？先不谈研究方法的运用、研究成果的总结，单说研究课题的确立，自己整天上课，上哪儿找课题去？

一、问题就是课题

2010年，我结束了六年级毕业班的工作，迎来了一年级新生。孩子们从幼儿园的小朋友变为上小学的小学生，会有很多的不适应。经过一个月左右的磨合，大部分孩子渐渐能够按照学校的要求正常地学习和生活。但轩轩的反应还是非常令人头疼，轩轩上课注意力不集中，有时看窗外，有时玩东西，最大的问题就是不写作业。同学写作业他就玩儿，有时还会逗其他同学。他的行为已不属于"适应不良"范畴。我想只要工作，就有问题。问题就在我们身边，整天缠绕着我们，等待着通过研究加以解决，问题就是课题。

二、课题要能研究

为了解决轩轩的问题，我参加了韩博士辅导的"幼小衔接"课题研究。在文献阅读过程中，我发现"幼小衔接"是一个大课题，很多国家都进行了大量的科学研究，涉及"规则意识和执行规则的能力，任务意识和执行任务的能力，学习、生活的独立性和主动性，人际交往的能力"。我发现要解决和轩轩一样的孩子的问题，光靠书本理论不行，要靠自己的探索。一线教师的研究就是在教育教学工作中的实践,研究的成果就是对教育教学工作的改进。我将课题确定为《小学初入学学生行为不良矫正策略的研究》。

2011年11月,我怀着试试看的心情递交了《小学初入学学生行为不良矫正策略的研究》东城区教育规划课题立项申请书。2012年1月,刚刚判完期末考试卷,我接到了课题评审专家的电话,他向我询问了在学校的工作情况,课题提出的原因等。他向我转达了专家组的意见:专家们对这个课题非常感兴趣,并对一线老师能够从实际出发进行研究给予了肯定。同时也指出现在提倡团队合作,如能组建团队,会使研究的范围更加广泛、研究更加深入,同时,会有更多的老师受益。于是,在2012年5月,我和王冀平、胡益萌、韩靖、律志红、苏杰等中低年级老师组建了研究团队。

三、研究要有新意

我们都知道,教育科学研究大都带有探索的性质,要求有新意,强调不重复别人的研究。我觉得"新意"是相对而言的。一方面,教师的研究不怕"重复"。别人的研究成果用在我的学生身上能否有效?可以在实践中进行验证性研究。虽有重复的一面,但并不失新意。另一方面,要了解别人做了哪些相关研究,确定自己的研究从哪儿入手。所以我继续进行文献检索,了解同一课题其他人的研究成果。

我先后阅读了六本关于儿童行为矫正的书籍:《儿童行为矫正》提出了12种策略;《儿童行为塑造与行为问题矫正》提出了19种策略;《行为矫正》不仅涵盖了以上策略,还对其进行了归类。通过学习我发现:专家们所做的研究都是在理论层面进行的,缺少相关策略的具体操作步骤及实用的解决办法。列举的案例过于简单、片面，没有普适性。尤其是现阶段，多方面因素影响着孩子的身心发展，没有具体的有针对性的解决措施。虽然把孩子分为几个年龄段，但对于初入学儿童没有深入的研究。

因此，我打算在实践操作中探究初入学儿童行为不良矫正策略的有效性及普遍性，从而归纳出对于一线教育、教学工作更加行之有效的新策略。

四、新意就是成果

课题组对前期文献研究中，专家学者提出的三大类几十条策略，进行实证研究，筛选出适用于初入学儿童的有效策略，并在行动研究中，探索适用于初入学儿童的新策略：在学校生活中矫正、在家庭生活中巩固、在课内外活动中认知、在日常生活中实践。

现在，轩轩来到学校，能主动按照黑板上的提示进行晨读，作业基本能够在学校完成，还有时间打扫教室，为同学服务呢。看到孩子脸上洋溢的笑容，我的心中也无比欣慰。撰写阶段性成果论文《小学初入学学生行为不良矫正的研究》，2012年9月获"东城区第十九届论文征集评审"三等奖。

一年多来的课题研究使我感受到不管课题立项成功与否，我们在工作中研究，在研究中工作，收获着快乐，感受着幸福！我们就像一棵树，在播撒绿荫的同时也壮大自己；我们就像一条河，在灌溉田地的同时也丰富自己；让我们在从事太阳底下最光辉职业的同时，也收获着它无限的美丽！

在追寻自我发展的道路上痛并快乐着

屠静

2012年寒假，我和吴丹老师接受了一份极富挑战性的任务，参加由北京教育学院季苹教授和卢杨老师指导的课题"学生健康自我发展能力培养的研究"，进行"文本解读"的探究。

每周五，杨杰主任、吴丹老师和我都要去光明小学，利用一上午的时间与两位专家、各校老师一起就某一篇文章进行关于"文本解读"的交流学习。到目前为止，研究还在进行之中，在这儿与大家分享的是我在这样的学习过程中的一些感受和体会。

一、追寻"理想类型"的痛苦

教育学生时，老师经常对家长提出这样的建议：给孩子制定的目标不要太高，跳一跳，够到了！孩子就有自信了。而参加这次课题研究，首先带给我的是痛苦、忐忑和焦虑。为什么呢？因为研究目标与自我实际差距甚远，我得攀着梯子使劲往上赶。

当我翻开两位专家关于《梅花魂》一课，洋洋洒洒17000字的文本解读例文，反复咀嚼着文章中那些"核心概念""本质内涵""理解路径"等生涩的词汇时，不禁感叹自己"知之甚少"。

特别是对于我，一位一线教师，通常是在阅读专家的文本解读后，才进行教学设计。现在角色180度大转换，由我来完成文本解读，什么是文本解读？该怎样解读？从哪些角度进行解读？……一连串的问题困扰着我，真可谓是一次全新的尝试与挑战。

在学习过程中，季苹教授经常向我们介绍一些心理学方面的概念，其中，"理想类型"就是最重要的一个，它的意思是指"思想感情的意象或者说是象征"。这"理想类型"可以说是我们文本解读的终极目标。于是，从寒假，我就开始了一条追寻"理想类型"的艰苦旅程，没有既定答案，就这样深一脚、浅一脚，在试探、摸索中不断前行。

二、感悟"逗留"中带来的快乐

"逗留"也是季苹教授介绍的一个重要概念，我很喜欢。何为"逗留"？是指学生在阅读过程中反复停留、不断回味的过程，只有在"逗留"中才能感悟到文章的真谛。

我们静心思考，其实不光在阅读文章时需要"逗留"，任何一个人想要把一件事情做好，都需要在这件事情上长时间"逗留"。难道不是吗？在反复中才会不断有新的发现，在回味中才能不断加深体验！

就是在每个周五，和专家、各校老师进行文本解读的"逗留"中，使我不仅对"文本解读"渐渐有了清晰的概念，更重要的是，令我慢慢喜欢上了这样的学习：我喜欢大家围坐在一起，针对一个问题畅所欲言；喜欢所有人的全情投入，忘我工作；喜欢这种纯粹的研究精神。

更是在这样的"逗留"中，我和吴丹老师共同完成了人教版六年级下册《凡卡》这篇课文6000字和《跨越百年的美丽》8000字的文本解读，接下来还要继续完成四年级《普罗米修斯》一课的解读。可以说，现在脚下这条追寻"理想类型"的道路，目标清晰、明朗了不少，步伐也轻快了许多。

曾经读到过这样一段话，我很喜欢，作为我此次发言的结束，希望能够与大家共勉：

"鸡蛋，从外面打破是食物，从内部打破则是生命。人生亦是，从外打破是压力，从内打破则是成长。如果你等待别人从外打破你，那么你注定成为别人的食物；如果能让自己从内打破，那么你会发现自己的成长相当于一种重生！"

最后，真心感谢学校能够给我们搭建学习的平台，创造这样好的学习机会！感谢所有老师的聆听！

在追寻自我发展的道路上痛并快乐着

读《值得过的生活就值得回味》学写叙事随笔

郭珩

2014年,我有幸参加了韩博士课题组,在韩博士的推荐下,利用假期阅读了冯卫东老师编著的《今天怎样做教科研》一书。这本书的开篇第一章便是《值得过的生活就值得回味》,指导教师要做好教科研就要先写好叙事随笔。

曾经也质疑过教师写作的必要性,质疑那大篇大篇的论文与教师的教育教学工作、与学生学习成长的必然关系。但在参加了韩博士课题组后,我渐渐明白了,一个不能积极从事写作、缺乏写作能力的教师是无法锻炼、形成和表达自己的教学理解、教育思想的,而没有教学理解和教育思想的教师是无法成为一名真正优秀的教师的。教师就应该是一名思想者,一名写作者。

写教育随笔是教师进行"心灵漫步"的一种极好的方式和路径。书写教育随笔可以炼眼——锤炼自身发现问题的能力,可以炼笔——锤炼自身表达思想的能力,可以炼意——锤炼与提升自己的教育思想。所以,它能使教师获得省思、发现、滋养自我的机会和能力,在这个过程中,教师整个的教育生命也会有所成长。

在叙事随笔中,究竟该写什么呢?"平平淡淡才是真",每一名教师每天的教育行走大致是一样的,不可能有太多的精彩繁华,不可能有太多的轰轰烈烈,也不可能有太多的抢人眼球。"真水无香",值得过的生活就是由这些看似稀松寻常的事情组成的。韩博士告诉我们重要的是这些平凡中的价值，需要经由我们的品味才能较好地实现。于是，我开始有意关注那些看似平常的小事，记录琐碎，细细体味，竟也真咂摸出了一些鲜味，那是指导学生行为时的要处，是我工作中思想中的盲处。

记得有这样一件事：

我班学生小王学习成绩不理想，但乐于助人，热爱劳动。每次到他们组做值日时总是勤勤恳恳、认认真真，以至其他组员偷懒不做，将工作全都推到他的头上，导致中午20分钟的大课间时间他都不能出去活动。他觉得委屈，向妈妈倾诉。我知道此事后，对全班进行了教育，收到了很好的效果。我记录了这件事并写下了如下反思：作为一名班主任，第一要做好学生的援手，给予他们支持与帮助。第二，要做好学生的知音，必须有倾听的道德。第三，要做好学生道德的打火石，用自己的教育智慧去启迪他们的心灵。

就这样，一个事件构成了一个特定的教育背景，一篇教育叙事记录下了问题的解决过程，一次反思提升了我的教育思想，我尝到了写叙事随笔的甜头。

记得有这样一次教学经历：

那天我讲授《落花生》一课，杨主任也来听课了，我将教学难点定为"父亲为什么要我们做一个花生一样的人"。通过多种教学方法的运用，学生较好地理解了文章中含义深刻的句子，我自认为突破了教学难点。但在课下与杨主任的交流中，她问我："为什么要做外表不好看而实用的花生？做既好看又实用的苹果不是更好吗？这才是学生学习的难点。"继而她建议我运用结合课外资料的方法来突破这一难点。在第二次的讲授中，我尝试了这样的教学方式，果然取得了很好的效果，使学生对文本的理解更加深入准确。

我认真对比了两节课，感悟到作为教师，只有自己首先深入挖掘教材，真正做到与文本、与作者对话，才能更好地引领学生学会质疑，学会思考，提升他们对语言文字的理解和感悟能力。

就这样，一个疑难问题构成了一个特定的研究背景，两种设计反映了不同的问题解决过程，一篇随笔剖析了不同方法取得不同效果的原因，我尝试着以叙事随笔的方式对课堂教学进行深度反思。

这些只是我日常教育教学工作中的小事，曾经有千千万万这样的小事从我的身边、我的脑海中转瞬即逝了。而今，我用叙事随笔将它们一一记录下来。因为我们的教育教学生活就是"值得过的生活"，"值得过的生活"就值得回味，"回味"那点点滴滴的历程、情景，更要有对那些事件背后的回味过程，即对自我、对事件进行反思、研究。

正像韩博士告诫我们的那样：作为教师就要怀揣着问题意识，去面对每一天的教育生活，就会发现其间蕴含着大量若隐若现、稍纵即逝的意义。只有具备一定的洞察力，对其穷追不舍，然后静下心来，对它进行咀嚼，进行思考、理解，才会有一种恍然大悟之感。在这之后我们更会感到这种发现不仅适用于一人、一时、一事，还适用于更多人、更多时候、更多事情。

作为教师，只要用眼用心，就会在日复一日看似平常无奇的教育生活中发现无数动人的瞬间，我们用叙事随笔捕捉了这些瞬间，将它们定格下来，它们就不再是零零落落的镜头，而是一幅幅精彩纷呈、目不暇接的风景。

读《值得过的生活就值得回味》学写叙事随笔

教科研学习体会
——研究资料的积累

肖印涛

回顾自己来到府学的这几年，一直积极参加各种形式的学习，不断反思自身的不足，总结工作中的点滴收获。自从参加了学校组织的教科研活动和教研室组织的"行动研究"课题，最大的收获就是通过交流、实践，重新认识了"教科研"，学会了如何积累自己工作中的每个"细节"。参加教科研活动，本身就是一种学习，而这种学习的过程就是不断积累和进步的过程。

回顾刚刚开始研究时，我不断思考从何下手，觉得想做的挺多，但就是无从下手。和韩博士学习、交流的过程中，我明确了自己的研究方向。参加教研室开展的行动研究课题后，其他老师给了我很大的启示。看到有的老师在研究过程中整理的厚厚的资料夹，我感触很深。

记得《道德经》中有这样的一句话："图难于其易，为大于其细。天下难事必作于易，天下大事必做于细。是以圣人终不为大，故能成其大。"大意是说天下间艰难的大事都是从一点一滴的小事、容易的事做起。当时就想到了应该利用这样的学习机会，建立一个自己的教科研资料夹。

资料夹的内容主要有网上的学习资料、平时的反思、教科研活动笔记、和课题组老师的聊天记录。我们这个团队是非常优秀团结的，通过参加活动我从其他老师那儿也学到了很多。比如开展课题研究初期，王敬老师写的开题报告思路清晰，得到其他老师和韩博士的肯定，我就虚心向王老师请教，并保存了撰写的原始稿件，不断学习参考。

研究资料夹的建立帮助自己及时整理学习中的体会、研究中的反思，很多"闪光点"都来自于平时的这些点滴积累。慢慢地，这种积累变成了习惯，平时读书时也经常记笔记了。内容涉及书画专业、教育学心理学、哲学、诗词等自己感兴趣的各个领域。该交每月一次的反思时，我已经有了很多"素材"，这样写起来自然就不会很困难。因为平时连思考带记录，材料已经攒得差不多了，最后只是一个梳理的问题。这样的积累放到资料夹中，就会产生"滚雪球"的效果，越积累越丰富，写论文也就有了很多的"切入点"和参考资料。

以前我也有这样的想法：教书可以，搞研究我不入门。现在看来，其实研究之门有两扇：一扇是勤奋，一扇是资料。积累在"复杂"过程中所获得的饱含思考的资料，效用大概有二种：一则可以整理思想，发现不足；二则可以积少成多，随时取用，得心应手。所谓学问，就是这么一点一滴地积累起来的。所谓做学问，就是从书中摘出材料，从实践中选出材料，按一定的逻辑把它们分门别类联系到一起，成为一套足以说明问题的东西。豁然，研究之门便向我们洞开了。

一直认为能加入到研究的团队中是幸运的。以前读书学习虽然比较用心，但关注细节不够。周围很多老师给了我很多启发！因为意识到每一次阅读、交谈与反思都有可能触发灵感，所以资料的收集与整理更加的细致。参与研究也给我们提供了一个学习交流的平台，在行动研究的过程中大家一起分享学习与研究的心得体会，使每一个人的研究水平都有了一定的提高!

最后,我想用"以情待人,用心做事;要有所为,但无所谓"十六个字来和大家分享。用真情对待别人,对方才会把自己的真知灼见和丰富的经验说出来与你分享,在工作中碰撞出"闪光点";有想法时一定要做个有心人,随时记录,用心做事。同时要有理想目标,为了实现自己的目标要有所作为,还要有一个平和的心态,任何在学习和研究中的急功近利都不会有好的结果,所以要"无所谓"——不功利。我想,踏踏实实学习,扎扎实实研究,关注素材积累,最终就一定能有所收获。

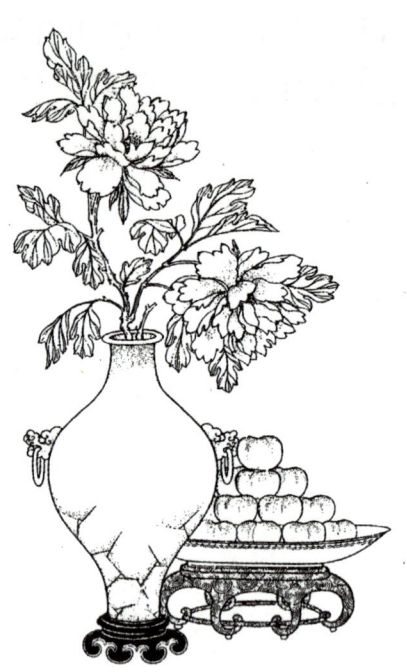

"实践"与"实悟"

许银萍

学校周五"教科研日"活动启动以来，我一直为这项工作忙碌着，发布活动通告、收集学习材料、撰写活动信息；我一直为学校浓浓的教育科研氛围感染着，阅读书籍、聆听讲座、参加讨论；我也一直为自己该研究什么课题而困扰着……

每一个周五九点，老师们带着阶段性研究成果、带着困惑与问题，从不同的校区匆匆赶来，活动结束后，带着新的任务、带着问题解决的喜悦匆匆离去，又投入到紧张的工作之中；每一次活动中，老师们在韩博士的指导下进行着科研课题思路的梳理、成果的整理；每一次活动中，老师们都在教育科研方法上给大家进行了最直观的展示：数学组的不断深入，雷悦老师的扎实推进，肖印涛老师的资料收集，郭珩老师在叙事随笔中的"心灵漫步"……

老师们钻研的精神深深打动着我，为了更加深入地了解他们，我对几位老师进行了访谈，通过老师们的讲述，我明白了一个朴素的道理：学习也好，科研也好，贵在"实践"和"实悟"。所谓"实践"，是将学到的内容付诸于工作实际，不能只知不行，而是知行同进；所谓"实悟"，是指不管是教育教学工作，还是教育科学研究，都要边行动边思考，悟出其中的道理和规律，这样，才能理论联系实际，将知与行有机结合。实践和学习结合，实践和思考结合，我们便收获了思想的种子。一天的思考，胜过一周的徒劳，思考能帮助我们从无效走向有效，思考能帮助我们从有效走向高效。

就是在"实践"和"实悟"中,姚峰老师申报了《运用团体辅导提高小学生学习自我效能感的干预研究》课题,范学军老师申报了《依据小学生科学前概念选择教学策略的研究》课题,李之彤老师申报了《利用学案,培养小学高年级学生的自主学习能力》课题……老师们为我们讲述了他们在实践与实悟中不断明确研究方向的心路历程。

《中庸》说,"博学之,审问之,慎思之,明辨之,笃行之",且学且思,且行且悟。实践是孕育思想之花的肥沃土壤,每一天的实践都为我们堆积起一块思想的砖石,我们用思考的头脑可以把教育的每一天做得更加坚实、长远。

老师们的行动鼓舞着我在教育科研之路上坚定不移地走下去。假期我阅读了韩博士推荐的《教师专业化发展》一书,思考良久,我将以《通过小课题研究促进教师专业发展》为题开展课题研究,在"实践"和"实悟"的循环往复中,为自身的专业成长注入新的活力。

还记得韩老师在课题培训会上说过这样一句话,"研究是一面镜子,照见的其实是我们自己"。通过研究,我们不仅能够了解当下,更能够把握规律,预见未来,希望更多的老师加入到研究中来。

三

【快乐旅行团】

不抛弃 不放弃
——登泰山有感

周艳龙

"不抛弃，不放弃"是电视剧《士兵突击》中的一句经典台词，在暑假登泰山的活动中，我领悟到了这句话的深刻含义。

2012年8月25日，我们国学会一行来到了泰山脚下。泰山，不愧是五岳之首！它巍然屹立在苍茫的齐鲁大地上，拔地而起的山势让人望而生畏。是坐缆车上去，还是爬上去？正当我犹豫不决时，刘春玲老师对我说："爬上去吧，别错过了一路的风景。"听着鼓励的话语，我鼓足勇气，"好，爬上去！"于是，我和身边的几位同事一起开始登山了。

山脚下是缓步的台阶，开始，我们脚步轻盈，一路走着，一路欣赏着路旁的碑刻，很快就走到了中天门。慢慢地，我的呼吸变得急促，脸涨得通红，体力有些不支了。

尤其是到了最险要的十八盘的时候，烈日炎炎，毫无遮拦，山壁如削，一千五百余级石阶直冲云天，仿佛一架天梯挂在半空，让我望而却步，看似简单的登山运动瞬间变成了耐力和毅力的挑战。我左手扶着膝盖，右手拉着栏杆，只敢目视脚下，一步步谨慎地往上登。到了石阶宽一点儿的地方，就坐下来喘口气。

正当我有些泄气的时候，身后传来一片嘈杂声，原来是无腿歌手陈州来登泰山。他的登山工具是两个方形小木箱，双手分别握住木箱的提手，不仅要完全靠双臂的力量支撑起整个身体，还要两只手交替着攀上每一级台阶，太不容易了！汗水不断地从他的脸上淌下来，而他却始终保持着灿烂的笑容。我和身边的每个朋友都不禁为之动容，为他大声地喊着加油。他的那种坚毅与乐观深深地感染着我。"一个残疾人，都能坚持下去，我有什么理由退缩呢？不能放弃，坚持，一定要坚持爬上去！"于是我咬紧牙关，继续向上爬去。当我终于征服了十八盘，登上了南天门，感觉是那样的舒爽、畅快。

能爬上山顶，我更要感谢朋友们的鼓励。在登山的过程中，朋友们不断互相鼓励着。看到我没有了力气，杜薇老师就接过我的背包。当我不想走了，王滨老师就拉着我的手，拖着我前进。薛彤老师也主动把她的"救命"拐杖给我用。徐静老师、付媛老师拿着地图，边指路边给大家打气："快到了，不远了。"

在半山腰，我拿出随身带的两个苹果，切成很多块儿，与周围的朋友分享，迎着凉爽的山风，欣赏着迷人的风景，吃着美味的苹果，真是一件惬意的事。

一路上，我们遇到了很多同事，你给我拍张照，我和你合个影，在欢声笑语中，一路的疲劳无影无踪。这一程，走走停停，不知多少次！朋友们的坚持、等候、搀扶，一直鼓励着大家向前。正是朋友们的不离不弃，我们才能坚持到最后。我深切的感受到这就是团队的力量，如果只有一个人，绝对走不了这么远。

回首从泰山脚下到泰山之巅的艰难路程，这一程有平坦的路面，有迷人的风景，也有陡峭的阶梯，最终我登上了泰山，我成功了。这成功离不开我的坚持。而这坚持的背后，离不开给我力量的无腿青年、身边的老者、担着担子的挑山工；这坚持更离不开我的同事和朋友。

登泰山，不仅仅是我的一次旅行，更是我心灵成长的历程。正如我们的人生道路中也充满着此起彼伏，既有春花烂漫，也有秋雨萧瑟，需要忍耐、坚持、合作才能度过。"不抛弃，不放弃"，就是不放弃我们心中的信念、理想与追求，就是珍惜每一位亲人和朋友，珍惜我们身边的人。

不抛弃　不放弃

小中见大

——游香港迪士尼

王冀平

暑假,我带着两个孩子飞去香港玩了几天。据说还没有北京大的香港,究竟是什么样子的,我不好评说。但就落足了两天的迪士尼公园而言,那里的游乐设施、服务人员以及他们提供的服务,都给我留下了深刻的印象。

精致

香港迪士尼公园非常小,为什么弹丸之地却吸引了世界各地的游客呢?

我们去"小小世界"里看一看吧。坐进干净的小船,顺着水流,我们进到了深处。这里按五大洲和不同气候展现了不同的景致和人文特点。耳边是美妙的音乐,眼前是光鲜的各种人物造型。虽然模型很小,但制作者却没有偷工减料,从服装到饰品都非常逼真。另外,这些小人儿一会儿向你招招手,一会儿冲你挤挤眼,真是可爱极了。

"小小世界"只是一个缩影,还有很多游乐项目都是如此,这怎能不吸引小孩子的目光呢?这怎能不让大人童心泛滥呢?

敬业

在这里玩的两天,香港日照充足,把大家热得够呛。很多游客早就撑起了遮阳伞，不停地喝水降温。而在室外工作的服务者，他们始终统一着装：长衣长裤，一副茶色墨镜。他们一会儿指引你往前走，一会儿给你发号码牌，语言轻柔，笑容亲切。当你感慨"青春真好"的时候，才猛然在他们转身时看见了后背的一大片汗湿。这里没有人随便离岗，也没有人偷懒休息。他们在疏导游人时，还自觉捡地上的垃圾，给残疾人更周到的服务。正是他们的敬业，才保证了游乐园良好的秩序，使游客有了美好的心情。

在游乐园里，还有一些被称为"演职人员"的人。比如下午游街中扮演各种迪士尼卡通形象的人，比如"狮子王庆典"的演员，比如"颁奖礼"的演员，比如玩"丛林冒险"时的导游。他们每天都在重复相同的工作。一个游船导游，一天要在固定河道中往返48次，每接一批游人，他们都要带有表演性质地给你作介绍，调足你的胃口，然后你觉得有意思再玩儿一遍，于是他们就这样再载着一批游人玩儿。这是多大的工作量呀？但是，你看不到他们烦躁。

那些卡通形象演员，这么热的天，穿着厚重的卡通服，带着大头套，不停地扭，摆不同的姿势和你留影。那些真人秀演员，他们的表演充满激情，他们的眼神楚楚动人，仿佛这是他们第一次上台。所以你可以感受到他的热情，他的兴奋，你被他带动，跟着他一起叫，一起笑。你是第一次看到这样的表演，你激动不已；而这是他们第几十次、几百次的演出了。就是这种职业感，为来这里的所有人创造了童话里才有的梦境感，使你流连忘返。

人性化

有的项目你特别喜欢，总想玩儿这一种，可是排队的人很多。有什么减少排队时间的办法吗？加塞？No No No，那样你会被人驱赶的，况且多丢人呀！这里有预约机，可以为你打出"快票"。只要你使用快票，就可以从另一个入口快速进入，进到室内再和大家一样排队等待。其实能节省多少时间呢，恐怕没有人统计过，但是这种服务让你有种优越感，你高兴了，大家就容易和谐嘛！

　　无论我们因何种目的到过香港，都会对香港有一种特别的印象。尽管因为带着两个儿子，行程方面比较不自由，无法尽情感受香港的气息；尽管觉得香港很小，觉得迪士尼很小，但我却在这小小的王国里感受到了大的视野、大的情怀。这就是香港留给我的印象。

小中见大

"平时"和"细节"

闫福杰

印象中,香港是一个充满奇迹的城市,从一个默默无闻的小渔村到繁华的都市,从英属殖民地到世界上第一个实施"一国两制"的地方;印象中,香港是一个令人惊艳的城市,世界级的建筑、快节奏的生活、时尚摩登的娱乐享受,无不凸现出这座城市无与伦比的魅力。而我的目光却没有仅仅停留在人们通常所瞩目的那些焦点,我把香港作为感受生活的地方,在香港的细节里旅行。

讲到在香港旅行给我最大的印象就是到处都是小小的。走在铜锣湾,才会真正明白语文课本中描写香港高楼时为什么会用"鳞次栉比"一词。一座座高楼拔地而起,排列毫无规则,紧密程度真可谓"见缝插针"。楼不仅高,而且细,真是名副其实的"铅笔楼"。不只铜锣湾,几乎整个香港都是如此,平顶山上也镶嵌着一座座房屋。在这个小岛上,香港人学会了极大化地利用生存空间。

看到这动辄三、四十层的高楼,不禁使人担心,要是发生火灾、地震……后果不堪设想。住在这里,还不得天天提心吊胆?"这儿的地壳很平稳,一般不会发生地震。"孩子说道。我才松了口气,但还是有些担忧。

回来后,我特别查阅了相关报道,得知1996年11月旺角嘉利大厦在电梯更换工程中,因烧焊工人不慎引燃电梯井内的竹棚而引发5起大火,22小时,41人死亡,这是香港曾经的痛楚。

事发后,香港进行了深刻反思,类似的大火已经14年未再出现。

香港的经验有两个关键词："平时"和"细节"，即做好火灾防护，重点在对平时与细节的重视。

巡查，巡查，再巡查，这是消防处工作人员日常最频繁的任务。高楼防火尤其重在平时，只有加强每天的检查工作，不让各种隐患有存在的可能，才能最大限度降低火灾发生的概率。

注重细节是香港防火工作的另一特点。在特区政府屋宇署的网站上，市民可以查阅《消防安全（建筑物）条例》，其中根据大楼的不同作用，明确列出了包括大楼所有人、住户和管理者在内所有人员在消防安全方面所负的责任，条条款款，十分细致。相关规定中，甚至包括了对居民楼垃圾桶摆放的具体要求。

正是由于日常工作到位，尽管高楼林立，情况复杂，但香港去年出现比较严重的三级或以上火警，仅为10宗，共造成10人死亡。从山到水，从地下到高空，香港人对自己的小小家园十分珍惜。

香港，地小人多，寸土寸金，因而楼都造得很高，人们对"平时"和"细节"的关注把香港的文明带到了我的心坎里。

夜幕降临，两旁的路灯照得马路亮堂堂的。周围高楼林立，鳞次栉比，暖暖的金灿灿的光从玻璃窗里透出来，使人感到很温馨，有想要回家的感觉。现在，学生的安全问题已是学校工作的重中之重，我想香港人的"平时"和"细节"二词非常值得我们借鉴，正所谓"细节决定成败""责任重于泰山"。

日本的小与大

周献青

20世纪50年代,奥地利维也纳经济大学旅游研究所对旅游从目的性方面定义为:出于修养、受教育、扩大知识和交际原因的旅行。抱着类似的目的,我踏上了前往日本的行程,去了解这位与我们关系复杂、让我们情感纠结的近邻。

以前对日本、日本人的印象,多停留在小时候看的爱国主义教育影片。这次踏上了这片一衣带水的国土,对日本有了新的认识。

小乡村与大城市

在日本的前三天我们是游览九州,相当于乡下的地方,给我冲击最大的是这里的绿化做得太好,山上没有一块地方没有树,几乎树干挨着树干,树冠相互挤着,成了菜花状。导游介绍说日本有70%的面积都被绿色覆盖,从九州的情况看并非不可能。在路上可以看到很多住家,二层的小楼很秀气,远看像镶在了山上,房子的排布应该并没有规划,但也不显得零乱不雅观。日本的乡村保有了自然随性,舒适不落后于城市。

之后到了日本第二大城市大阪,于是看到了我想象中的发达的日本。日本人讲求实用,楼建得不花哨,也不高,楼与楼整齐地排列着。我们乘坐了日本标志性的交通——新干线,车厢舒适开阔,车开得很平稳,在城市间穿梭往来,让我在飞驰间领略大都市的气质:拥有环球影城里完美的立体效果、丰田工厂里令人叹为观止的自动化,以及城市里随处不乱秩序的日本绝不愧于发达国家的名声。

我觉得日本人很幸福，他们可以选择生活在乡下还是城市，更重要的是二者之间不是阻隔开的，即便是在一个布满摩天大厦的城市，只要有一片空地，就会有一片树林。由于道路的高高低低，有时候树林在身旁，有时候树林到了脚下，有时候树林又在头顶上了。在喧嚣的大都市，树林给人的安静更加突出。生活在现代大都市的喧闹里，时常会因为树林的出现，让人们烦躁的情绪获得了一些安静。

小岛孕育大品质

一到日本首先看到了太宰府的街边商店，就感觉和我们这里的不一样。店面很小，但看得出每一家都由店主精心布置，有特色，不重复。导游总形容说日本是袖珍的，我感觉日本就像一家商店，很小但很精致。

正因为小，日本会格外珍惜自己的国家。日本人无论做什么事都是神圣地、严肃地、正经地、紧张地去做。他们把环保做到实处，把绿化做到完美，保护散落在城市中的文化遗产；他们敬业、守时、善于学习，我想这些令我们羡慕的好品质都是从珍惜的感情中培养升华出来的。

在这次旅行中，我一直怀着尊重的心情体会日本的小与大。我看到日本一点点的小积累，使一个小岛成为了一个大国。

从日本回来以后，我写下了这篇文章，记录下了我当时的真实感受。看来，在谈论对日本的印象之前，最好还是先亲自去日本看看。

日本八日自由行

胡志军

读万卷书，行万里路。书本上获得的知识，往往需要与实际的游历相辅相成，才能真正达到融会贯通的境界。也是因为这个理由，这个暑假我和女儿一起到日本体验了八天的自由行。

一、传统与现代结合的日本

东京的现代化程度是不言自明的，仅仅是地下铁的复杂程度就让我们叹为观止。几个运营公司的将近二十条地铁线路，都有准确的时间表，让你可以预知到达目的地的确切时间。"自动"的机器随处可见，路边有自动售货机，地铁里是自动售票机。提前购买"新干线"的票想要变更时间，也可以在自动售票机里操作。

至于传统，故都京都则更是让人感慨万分。各式各样的寺庙、神社星罗棋布。金阁寺、清水寺、三十三间堂、伏见稻荷大社、平等院凤凰堂……著名的古刹已经令人目不暇接，不知名的小庙则可说是三步一座五步一间。京都几乎没有很高的建筑，路上放眼可见的都是传统架构的两层木制小屋。乘公共汽车在京都的公路上缓缓前行，蓝天下白墙黑瓦的民居和古建筑交替映入眼帘，实在是一种神奇的感受。

我们所参观的金阁寺和清水寺，几百年来依旧光鲜如新。这"新"并不是没有历史沧桑感的崭新，而是因为得到了很好的保护，随着时间的推移不断被赋予新的意义从而表现出来的新。那种美能够跨越遥远时空的阻隔，诉说着历史，也敲打着我们这些异乡人的心。

"现代与传统相结合"这句话常常被用来形容首都北京。然而越是感受到他国的文化，就越是心生惭愧。我们难免会想，我们的科技发展确实是很快，首都机场光怪陆离的大厅也让许多外国人赞叹，甚至拿出相机来拍照。但是"人性化"的方面，却远不如人家。而对传统的保护，则更令人叹息扼腕——看着二战时期由于梁思成先生的力谏而得以保存的京都，我们无法不想到同是梁先生欲倾力以求保全、却最终湮没于历史尘埃中的北京旧城。想想我们口中"传统"的北京，到底还剩下什么了？故宫、颐和园、景山，还是几条日趋商业化的胡同？

日本人西化的程度是很重的，但是日本人又很传统。夏天的日本街头，依然可以看到穿传统服装的姑娘；日本人真正独有的文化并不多，但他们却能把民族风情包装得如此特点鲜明。我们常常以文明古国自居，可我们的文化却只能给外国人"中国功夫""旗袍马褂"的印象，岂不痛哉！

作为一名音乐教师，我所能做的只有在课堂上尽可能多地激发孩子们对民族音乐的兴趣。我希望这一点兴趣能够成为播撒在孩子心中的种子，即使不能长成参天大树，至少也能绽放出一朵小小的花，让孩子想起祖国音乐文化的时候，至少记得这一点儿色彩，而不是满心尘灰色的残垣断壁。

二、高度职业认同的日本人

另外给我印象很深的一点是日本人对于工作的态度。日本的服务业之发达是全世界有名的，不仅因为分工细致、安排周到，更是因为每一个人对自己所在岗位的尊重和认真的态度。在日本购物，无论是路边小店还是大型商场，营业员永远都是面带微笑，专注服务。这不仅是职业道德,更是对自身职务的认同。

在中国,时常能够感到人们职业认同感的缺失。对自己的职业没有认同就意味着不负责任,不负责任就意味着悲剧的发生。对于当代的大部分人来说,工作仅仅是赚钱的途径。他们并没有意识到,作为营业员,就有营业员的职责——将最好的态度展现给顾客;作为工程师,就有工程师的职责——设计出安全的建筑供人安居。当然,作为灵魂的工程师,教师的职责更加不能忽视。教师存在的意义就是引导学生成为一个健全的人。这职责是伟大的,同时又是危险的。记得曾经看到一句话,说医生和教师是最危险的两个职业。一名医生一时的失手,很可能带来生命的消逝;一名教师的一时失职,很可能会影响到一个孩子的一生。因此作为一名教师,在自己的岗位上更应该慎重再慎重。

以前只是在国内生活还并不觉得,越是到了那里越发觉得我们与日本的差距确实是很大的。这种差距更应该成为我们进步的动力。无论是从国家的角度,还是从个人的角度。有一句话说得好,出门在外更能使人对故乡产生新的认识。旅行不仅仅是一种放松,更是一种重新认识世界的方式。

日本八日自由行

我认识的佐藤先生

胡志军

各位老师，上一次我站在这里述学，是在四年前的述学报告会上，我讲述的是和即将上大学的女儿去日本自由行的见闻。2014年暑假里我又去了日本，这次是去接作为交换生留学一年的女儿回国。有很多老师的孩子都走出国门读书了，大家都在感受着孩子的变化，都有许多感想，仅在这里和大家分享我的点滴感触。

首先是女儿生活自理能力强了，着装有品位了，对厨艺有追求了，会给自己做精致的晚餐和便当，也会把自己做出的美食与其他留学生分享。

最大的变化就是女儿对待学习的态度变了，她变得勇敢，有自己的思想，做学问脚踏实地了。这和日本大学的学习方式有关系，有的课程是教授拿来一篇古文，学生做训读（就是把中国文言文转换成日语古文的方法）并翻译；或者是针对一篇文学作品去了解其他人的看法，再提出自己的看法；由此写出一篇篇论文，并把自己的论文在课堂上宣读与大家交流。在写论文的时候，所需要查阅的书籍都要明确注明，并且精确到哪页、哪段；引用别人的说法时也不能是从某人的文章中引，而必须要从作者的作品中引。因此，从网上查资料是根本不可能的，必须要到图书馆和资料馆去查阅。经常在想和她语音聊天的时候得知，她因为在图书馆或者资料馆，所以不能说话。她曾经主动和一个日本学生一起合作学习写出论文，虽然万字的论文，她完成了三分之一，对于她已经是飞跃了。

在这期间，我通过听女儿讲述学习经历认识了她的指导老师——佐藤先生。一入学，佐藤先生就让女儿参加了他的中国文学研究会；年底在研究室做饺子吃了，老师和大家探讨对唐诗的理解；新年去老师家做客了，老师兴起居然唱了昆曲《牡丹亭》中的小生唱腔，声音很大、很尖，把家里的小狗都吓到了；老师带大家去"合宿"学习了，早上七点起，学习到晚上十一点，然后还要喝酒聊天到深夜。三天两夜的学习让女儿有些崩溃。

女儿说，老师有两种，一种老师把自己学到的知识和自己的观点告诉给学生；一种老师在课堂上存在感不强，但是学生可以通过他的帮助和指导来学习并形成自己的观点，佐藤先生就是这样的老师。他本人是研究六朝文学的专家，却很少在课堂上显露学问，只是当学生在学习中遇到困难时告诉学生去阅读哪些书籍。虽然上佐藤先生的课，写论文的密度非常高，压力大得都脱发了，女儿还是很愿意和这位老师学习。

我很庆幸在异国他乡的女儿能得到这样一位老师的指导，也希望在日本有机会能见到佐藤先生，当面向他表示感谢。最后商量好在东京站会面。几经周折，老师终于找到了我们，只能让老师找来，是因为在迷宫一样的地铁站里，我们完全不知道方向。

佐藤先生50多岁了，个子较高、身材较瘦，眼睛不是很大，脸上带着温和的笑，说话声音很好听。佐藤老师带我们选定了一家牛肉料理的饭馆。吃饭的时候特意用中文介绍说，料理的肉是米泽牛肉，是日本最好的牛肉，是他家乡东北的牛肉。饭后，我们把从京都带给老师的特产送给老师，老师也给了女儿一件小礼物，是一张把四周的小布带系好后就变成个敞开的小方盒子的彩色小棉垫，还特意告诉我们这是瑞士的特产。聊天中我出于客套邀请老师有时间来中国旅游，可以让女儿做导游。后来在用餐结束的时候老师很郑重地告诉我，因为除了在大学的教授工作，还承担了附中校长的工作，所以没有时间到中国去了，真是很遗憾。听了这番拒绝的话，习惯了讲"虚礼"的我很震惊，因为我说的是客套话，我的邀请中欠缺足够的诚意。

老师说完这番话后，就向饭馆前台走去，我才醒悟到老师要去结账，连忙让女儿去结账，结果不仅没能抢过老师，老师还像哄小孩一样给女儿买了两袋牛肉干。后来，通过女儿的解释我终于明白了，佐藤先生坚持结账是"礼尚往来"，因为研究会包饺子的时候得到过我的帮助，因为寒假我去看望女儿的时候给老师带了茶叶、酱肘子等礼物。所以老师以这种方式表达了他的谢意，也表达了对学生的关爱，并希望女儿将来能去日本读研。儒雅、热爱家乡、爱学生（不分国籍），这就是我对佐藤先生的印象。

女儿短期留学的经历不仅让我认识了一位日本老师，也让我对自己的教师工作进行了反思。我觉得全世界的好老师都是一样的，那就是爱学生、敬业。我还有10年就要退休了，在这最后的十年里我应该采取什么样的态度工作呢？首先是要做一名爱学生、尊重学生的好老师；不断学习，钻研教学；以音乐课堂为纽带，传承中国音乐文化。

四

【快乐和谐家】

新 辛 欣 心
——用心阅读府学

王娜

每个人的一生都在不断迎接和体验着新的开始。就像婴儿第一次啼哭，是生命的开始；冰雪消融成河，是春天的开始；人与人笑脸相迎，是沟通的开始；双方在内心中用尊重握手，是平等对话的开始；每个人脸上洋溢的笑容，是快乐的开始。

从教17年，在"新教师"面前，自认"老教师"并不过分。但在2012年9月，我却以"新教师"的形象迈进了府学这座古老而现代的学校。我告诉自己，我是一位"新"教师，面对一个个崭新的起点，要虚心做人、用心做事。因为要写述学报告，一件件往事再次鲜活起来。

在新的环境中，凡事都要从"新"开始。第一次走进办公室，和新同事们在一起，我有些羞涩和沉默，不知道该说些什么好，总感觉有种无形的压力！多年来都是一个人组织学生参加书法比赛，工作琐碎而忙碌。第一次以教师团队的形式参与其中，不仅感受到书法教师团队强大的实力，更感到团队合作能使办事效率大大提高。在团队中，自我智慧能得到提升。自己带着强烈的责任感，全力投入做好分工，任务完成后，感到很强的成就感。作为书法团队的新成员，我知道以后还有很多工作会不断锤炼我。对我最大的益处就是对周围的人和事从了解到熟悉。还有，就是集体备课时的那种热烈讨论的氛围：诚恳地建议，反复地切磋，同事们那一张张辛苦却快乐的笑脸时时感动着我。一切一切悄悄在我心里留下了痕迹，那就是新同事的亲和力，团队的凝聚力。几个月下来，我很快融入了这个集体，要感谢同事的真诚帮助。

记得第一次参加全体会，全新的领导在主持会议。第一次和新校长面对面谈心，亲切的交流基于能读懂我初来者的内心。细微入微的理解让我与陌生环境的距离又一下子缩短许多。"在这个大家庭、大集体里，我们彼此都会有些压力地工作着，但决不会让大家感到压抑。"我觉得这就是告诉我对待工作要有责任感，同时要快乐工作。这也是我一直追求的工作境界。

第一次在新学校上研究课，面对新的教材、新的学生。新，一切都太新了，感觉还没来得及相互适应，就要拉开序幕，让我这个"新老师"和刚认识不久的"新学生"走到台前。就在我困惑的时候，教学主管校长和科任主管主任在心理上给了我莫大的鼓舞；在教学上，中肯的建议指导我更新了理念。虽然以前做过很多次课，但这样的经历还是让我收获了新的经验。

还不得不谈的是新的学生。从来没有带过一年级的我，看到了从来没有看到的场面。一阵忙乱而周到的嘱咐后，伴随着我衣角的上下摆动，居然有一个小小的声音说："老师别忘了关灯"；继而一个大大的声音说："老师我想举班牌"。我当时的闪念是：小不点们就是这样形成集体观念的，真有意思。当叽叽喳喳的他们像一群小鸟一样排着整齐的队伍投向家长的怀抱，听最后一个孩子说完"再见"，我就像经历了一次长跑，而对一年级老师的辛苦感同身受，既而又充满敬意。

在新的环境中，我由刚开始的手忙脚乱到渐渐适应了工作和学习的新角色。虽然还有很多不甚了解的领域，也许无意中也做错了一些事情，但我始终相信有尝试一定有经验，有付出就一定有收获。

半年来，内心装了不少这样"新鲜的事""欣喜的事""辛苦的事"。就这样，2012年过去了，每个第一次都留下了满满的收获与幸福。新的一年会给我带来更多新的开始。我会不断地努力，站在新的起点上展现自信的我！我愿意永远把自己定位为"新"教师，使自己始终保持"新"教师的敏锐、激情、感恩与努力，把握好当下，并为未来设计。

新辛欣心

勿以善小而不为

薛彤

不曾想过,当今每天有多少文字作品问世,但我们完全可以感受到,书籍如潮水般涌来,每个人都无法逃离书的"拥抱"。对教师而言,书籍,是专业成长的"能源"。

暑假,读了一篇文章,讲述的是美国哈佛大学的由来。哈佛大学是世界上著名的高等学府,它成立于1836年,原名为剑桥学院,1837年,年仅29岁的英国人哈佛来到了这所学院当教员,他一直患有肺病,1838年9月,哈佛终因肺病去世。根据他的遗嘱,将他一生收藏的400套书和750英镑全部捐献给学院。虽然这些在现在来说算不得什么,但在当时美国处在迅速发展的关键时期,人们大都关心着经济的利益和发展,而哈佛站得更高,让人们注意到了文化教育领域,并被逐渐重视。也就从那时候开始,美国非常重视对文化教育的投资和捐献,这种习惯和氛围一直被接受传承。当时政府考虑到哈佛所带给美国的一种精神,便将当时的剑桥学院改名为哈佛大学,以纪念他所推动的这项事业的贡献。

哈佛可能自己也没有想到,自己的一个小小的善举,却可以带动一种美国精神;他更不会想到哈佛大学会以他的名字命名,而成为世界上著名的令人向往的学习殿堂。

小善成就大事业,正应了那句古话:勿以善小而不为。

由此联想到发生在我身边的故事。胡倍严是我的学生,到2015年她已上高一。六年级第二学期,同学们都在为能上一所好学校而着急。作为区三好学生，五中发来通知书，让她去参加面试。参加考试的同学都非常紧张，不知老师要问什么问题，不知道自己能不能被录取。先考完试的同学回来，他们一个个忧心忡忡，有的说："老师问了很多问题，我好多不会的，估计不会被录取了。"有的说："老师问了很多问题，我都会，可老师还是让我等通知。"

胡倍严考试那天，我在电话中反复叮嘱她注意这、注意那，半小时后，她妈妈打来电话，还没说话，已笑出了声："孩子被录取了！"怎么这么顺利？

原来，胡倍严静静地坐在考场外，一个同学走进考场。那一天风很大，大风把门吹开了，胡倍严轻轻地走过去把门关上。门又开了，她又走过去，把门轻轻关上。就这样，半个小时，她起来关门十几次。老师叫她进考场，她紧张地走进去，没想到戏剧性的一幕发生了。校长走过来，笑着对她说："同学，我注意你半天了，五中就需要你这样的孩子，你被录取了。"府学学生的一个小小的善举，成就了一段录取佳话。

一天早上，我和教育处赵志伟老师在学校西面相遇，我正要过马路，小赵老师却还往前走，她干什么去？只见她径直走到斑马线前，回头笑着说："每天教育学生勿以善小而不为，自己就不能不以恶小而为之。"我脸一红，紧走几步，站在斑马线前。

在生活中，我努力践行日行一善。早上，坐公交上班，前面的老人艰难地抬腿上车，我用力托她一把；中学生追赶公交，水瓶掉落不知，我捡起瓶子追过去；过马路时，看到有小学生，就习惯性地把孩子揽在前面护送过去……小小的善事，能让自己心境更平和，心中充满正能量。

孔子说："少成若天性，习惯如自然。"漫步在教学楼中，墙面展板上抬眼都是"礼之用,和为贵""博文约礼""人有礼则安,无礼则危""君子敬而无失,与人恭而有礼,四海之内,皆有兄弟也""不学礼,无以立"……浸润在这样的文化氛围中,学生知道在校园中遇到客人主动问好。中外客人微笑招手,点头称赞。小小的善举,彰显了府学学生的文明风范;学生知道吃完中饭把饭盒整齐地码放好,不给送饭师傅添麻烦,工人师傅到教务处赵主任那里给予了表扬。小小的善举,展现了府学学生的文明素养……"勿以善小而不为,勿以恶小而为之",在府学师生中代代相传。

作为品牌名校的教师,我知道知无尽,学无涯,要用知识赢得发展,用智慧铸就成功,绵延"文化基因"。作为品牌影响力的价值所在,我们要以正合,以奇胜,积聚文化力量,塑造府学精神,展示"文化名片",让六百年名校生命之树常青。

勿以善小而不为

在"府学"这块沃土成长

张佶

在新的环境工作一年整,感慨良多。作为一个年轻的教育工作者,首先感受到的是学校深厚的文化底蕴、规范严谨的教育环境和严肃认真的教学氛围。借此机会,记录如下以为总结和自省。

初到府学,古朴的校园环境和融洽的工作氛围给我的感受相当深刻。诚然,经典厚重的建筑设施和悠久的文化熏陶对我的冲击非常强烈,然则更加令我赞赏的是,与之相匹配的、人文化的工作环境和工作氛围。

作为一位教育战线上的后生晚辈,长辈们对我的帮助和提携,尤其是言传身教、潜移默化的感染,润物无声却非常深刻。

从自身出发,由近及远。首先,作为师长,从张强老师身上,我真切感受到了极端负责和严谨细致的工作态度。数十年如一日,午休和假期时间也投入乐团的建设发展和提高。反躬自省我对工作的主动性和积极性大相径庭,让我不禁惶恐和愧疚。身为组内领导的马勇老师,每次给我布置任务,事无巨细,耐心讲解,不厌其烦,让我感受到了师父般的温暖、父亲般的关爱。我唯有努力学习识记,以不负长辈们的辛劳。集英语、奥数等多方面才能于一身的李老师,于年底策划了场面宏大、精彩纷呈的一台联欢晚会。我由衷地钦佩和赞赏。榜样就在自己身边,善莫大焉。冯博老师,在学校工作日久,将事务细节和技巧倾囊相赠,不予保留,让我更快地融入学校的工作,更有效率地为各部门科室和任课教师服务,对我的成长大有裨益，非常感激。

在府学一年的工作生活中，各部门科室的领导对我的关照也令我大受鼓舞。开学之初，马丁一校长每次碰面总是关切地询问我的工作状况，鼓励我克服困难，使我信心倍增，不胜温暖。教育处、教学处各位主任对我的肯定远多于批评，即便工作当中偶有疏忽，也总是多提建议，少有责难。各位班主任老师，任课教师，教务处、总务处、会计室、卫生室的各位老师们，也总是耐心地为我解答学校的工作秩序和规范，向我提供无私的帮助。时间所限，不能一一列举，望各位前辈见谅。

学校为新任教师的专业发展、潜力开发以及尽快适应和融入文化环境提供了最大限度的帮助和支持。对于我们每一个新职教师而言，自己就更要学习充电，勤练内功。我为自己定下的目标分为三个领域：摄影——静态影像的操作水平；摄像——捕捉动态影像的技术能力；网络——为各位同事提供流畅的服务与教育教学工作的基础和保证。诚然，能够达到这三个领域相当的水平并不容易，这也是我未来一段时间的努力方向。

新的学期，我担任三年级信息技术教学工作，我想，这既是学校领导对我的信任，更是对我更大的考验。我将竭尽所能，努力做好本职工作，不辜负学校领导的期望和家长的托付。我将不断总结教训，积累经验，为自身专业发展奠定坚实基础，为府学的发展贡献绵薄之力。

学习　思考　实践

白银松

与东城府学携手近五年的时间中，我深切地感受到府学不仅具有悠久的历史、深厚的文化底蕴、成熟的办学理念，更能够兼容并蓄、与时俱进，才使府学教育能够不断迸发出新的生机与活力。府学胡同小学朝阳学校(以下简称"朝府")与"龙头校"理念、资源、方法、成果、利益共享，是我们共同的理想与追求。

一、在学习中思考

如何让朝府的孩子们也能享受到府学文化的滋养，是两个校区的领导从挂牌伊始就开始思考的问题。在深入交流中，我们了解到府学校区作为历史名校，长久以来积累了较为丰富的课程建设经验。经历了由单一到多元、由自下而上到顶层设计、由关注门类到关注文化、由优势发展到注重特色的发展过程。

朝府作为一所新建校要从起点开始。借鉴府学校区的成功经验，我们的校本课程建设也从体育开始。几年努力，我们已经开设了轮滑、棒球、跆拳道三门校本课程，教材开发、师资力量以及学生参与的广度和深度均已日趋成熟，初现规模和成效。但放眼朝阳区，很多学校因为提前起步，早已走在了我们前面。怎样以新建校的身份跻身到特色突出的学校行列中？如何能够在体育校本课程建设中实现"人无我有，人有我精，人精我新"呢？这是我一直苦苦思考的问题。

说来也是机缘巧合，我在和郑安立老师的接触中了解到他和北京市击剑运动队原主教练是同门师兄弟，受过专业、严格的击剑训练。由于我从未接触过此项运动，于是就怀着强烈的好奇心向郑老师请教并开始关注相关的知识。

通过学习我了解到击剑运动有高雅优美、注重礼仪、培养心智、提升自信、健身塑形的特质，享有"格斗中的芭蕾""勇敢者的竞赛""速度和智慧的竞赛"等美誉。而今，击剑已经成为欧美发达国家时尚高贵的健身与交际活动，国内参加击剑运动的人群也在急剧增多。

再看府学朝阳学校坐落的位置，其服务范围大部分是社会精英阶层，他们不仅对教育有更新、更独特的认识和需求，而且对具有魅力又时尚健康的生活、健身方式有着灵敏的嗅觉和更高的悦纳程度。这是在我校开展此项运动的人文环境基础。于是，我萌发了在朝府开展这项运动的想法。

基于上述想法，我在学生中进行了广泛的访谈。主要的问题是：你知道击剑运动吗？亲身接触过吗？对练习击剑有兴趣吗？访谈的结果令我震惊：接受访谈学生共136人，其中70%知道击剑运动，30%亲身接触过，很多学生对击剑有兴趣，有50余人已经在各种机构中学习击剑了。可见学生对击剑运动是有需求的。我们有郑老师这样的专业师资，有渐成燎原之势的星星之火，这不正是开展此项运动的最有力的技术资源和群众基础吗？

这也可以算是"可行性论证"吧。

二、在实践中探索

"空谈误国，实干兴邦。"在校长的支持下，学校初步确立以击剑作为体育特色项目。上学期期末，尝试着举办了我校首届击剑运动会。目的在于展示击剑运动的风采，使更多学生对它有感性的认识，激发他们参与的热情。

学生积极参赛，各个都打得有板有眼，彰显出击剑运动的魅力与活力。观赛的北京市中小学体育运动协会主席、北京市击剑队总教练、朝阳区体美科科长、体育教研员等领导均给予好评。在此次比赛筹备与实施的过程中，接触到了很多专业教练，学习到了更多的有关击剑的知识和技能，为规范的比赛及组织积累了宝贵的实践经验。

2015年4月25日，我们又迎来了一年一度的朝阳区中小学田径运动会。入场式正是展示我校击剑特色的最佳平台。我们以全副武装的40人方阵，向与会的全体师生展示了敬礼、实战姿势、弓步长刺等技术动作。特别是当学生高声齐喊击剑所特有的行礼术语"阿嗽"时，惊艳全场。我校首次在朝阳区大型运动会上的亮相获得巨大成功。

紧接着是5月15日府学优质资源带春季运动会。80人的入场式对我们来说是一个挑战，但我们依然要把击剑作为特色和亮点展示出来。我们在基本技术动作的演示过程中，精心设计了两次队形变换。当身着白色剑服的80名小剑手迅速、准确地将击剑造型呈现在红色跑道上时，全场报以热烈的掌声。

三、在反思中提升

这三次活动的筹备与训练，思路是明确的，过程是艰辛的，效果是可喜的。经过一年的实践探索，将击剑这项体育特色项目进行课程化开发的时机已经成熟。

目前，我们已完成了击剑校本课程的申报立项。接下来的重点工作就是将实践探索中获得的经验、教训做详细的梳理、反思、提升，形成一整套具有普适性、实操性的击剑校本教材。这项工作涉及到课程论的相关领域，我是门外汉，只能是边学边干，摸着石头过河。

恰逢此时，得知府学校区体育校本课程升级版即将出版。14个运动大项，低、中、高三册一套，以其宏大的规模体现了府学体育校本教材由关注门类到关注文化的发展。其开发理念、价值定位、体例构架、呈现方式、编写经验等均能给我们以启发和借鉴。

我们会精心呵护击剑运动这朵优雅的"兰花"，使它在府学朝阳学校的沃土中吐蕊绽放，并期待它作为"府学优质教育资源带"的第15朵"小花"，在体育百花园中芳香四溢！

宝剑锋从磨砺出　梅花香自苦寒来

林殿兵

一年时间转瞬即逝，2014年5月30日，府学优质资源带什锦校区挂牌仪式还历历在目。2015年6月15日，资源带万人运动会精彩呈现。当我负责训练的功夫扇方阵、课外体育活动展示板块的武术表演完美谢幕之时，感慨于天命之年，赶上了教育改革的好时代，成为了一名府学优质教育资源带教师；欣慰于老骥伏枥，志在千里，为资源带的发展贡献了自己的绵薄之力！

十年弹指一挥间，2004年我来到什锦花园，正赶上学校决定把武术定为学校校本课程，并成立武术队，责成我负责武术教学及训练工作。

武术，又称功夫。没有深入的钻研不能摸到门径。大家知道武术是中华民族的文化瑰宝，有几千年的历史，是中华民族特有的一种传统体育运动项目和优秀的文化遗产，博大精深，内容广泛。虽然自己在本科时学习了武术课程，但要完成学校的武术课程建设与训练工作，深感知识和技能的匮乏。为了更好地完成学校布置的工作，只有去进一步学习，实践体验武术运动，充实自己，才能胜任此项工作。

我买来相关书籍，分别放在学校和家里，只要有时间就看。床头放着多个版本的武术教材，每天睡觉前都要翻看几页；买来武术光盘，学习模仿；利用节假日到运河广场，站在晨练的大爷、大妈们后面，跟着他们一起打拳，习武。早期的广场音响是使用电池的，每个参加晨练的人要均摊买电池的钱，为了学习我积极缴纳买电池的经费。上班路上，我发现美术馆广场前，有习武的队伍，就每天坐头班车赶到广场，和他们一起练习，再赶往学校上班。在工作中，结识了一些市区专业武术教练，我就去听他们的训练课，观摩他们的训练方法和手段，提高自己的武术教学和训练工作水平。

武术，又称功夫。没有身体的力行不能砥砺精进。武术是实践类项目，没有铁杵磨成针的恒心只能半途而废。虽然自己已过了练童子功的年龄，但为了给学生规范、准确地做示范动作，不惑之年开始天天压腿、踢腿、扎马步、练飞腿……练习基本功，自己要不断克服疼痛关，磨炼了"冬练三九，夏练三伏"，常年有恒，坚持不懈的意志品质。

学生非常喜欢影视中漂亮的武术动作。自己对照武术书、视频练习套路动作。几年下来，小学教材中武术内容和初级套路我已能够给学生规范地进行动作示范。套路练习时，自己克服了枯燥关，领悟到习武之人刻苦耐劳，砥砺精进，永不自满的品质。

武术，又称功夫。没有刻苦的磨炼不能悟出真谛。十年来，我将"教武育人"贯彻在武术教习全过程中，"未曾习武先学礼，未曾习武先习德"。我带领武术队坚持常年训练。夏天人们在树荫下休息尚且大汗淋漓，而我和小队员们却不畏酷暑，进行基本功训练；冬天天寒地冻手都伸不出来，而我和小队员们仍在舞刀弄棍，练习器械与套路。

期间，按照学校的计划我们进行了武术特色课程的建设，开设了武术校本课程，并编写了校本教材，作为群众性的普及；建立了武术社团，把喜欢武术的同学吸引来，进行武术的启蒙学习，旨在培养兴趣；而学校武术队，每周坚持三次训练，学习初级套路，是在普及层面上的提高。

更为可贵的是，经过长期学习和训练，自己和孩子们都感受到武术可以培养人们勤奋、刻苦、果敢、顽强、虚心好学、勇于进取的良好习性和意志品德。练习武术首先是锻炼意志，培养品德，练武对意志品质的考验是多方面的。

武术，又称功夫。没有时间的累积不能展现成绩。多年努力，武术队的技术水平有了较大幅度的提高，得到了领导、同行的认可。参加了历届东城区武术比赛，集体项目比赛始终是一等奖，截止到2014年团体总分一直是前三名，多次参加了东城区的运动会开幕式表演。特别令我难忘的是2008年被北京市民族事务委员会选中，参加了天安门广场的奥运会群众体育表演，我带领的是唯一一支来自小学的代表队。

宝剑锋从磨砺出，梅花香自苦寒来。几年来，这些成绩的取得有领导的关心、指导；有体育组教师的通力合作；有家长的支持、帮助；有小队们的艰辛付出和努力。什锦花园仅有200余名学生，却能够开展这么多丰富多彩的武术活动，卓有成效，得到了社会的认可，自己感受最深的是教学相长，通过学习我和我的学生一起成长、提高。

武术，又称功夫。没有发展的眼光不能开拓创新。近年来，我参加了全国兼职教师武术教材的编写，多次担任了东城区体育教师武术基本功培训及考核工作，创编了3套武术操及数套武术表演动作，并与计算机老师一起进行武术表演配乐编辑工作。音乐的介入，会使学生始终有一种练习的新鲜感，提高兴奋度，传统与现代相结合的实践正在展开。

万人运动会开幕式的盛况正如徐徐展开的资源带美好画卷，而

宝剑锋从磨砺出　梅花香自苦寒来

这其中的每一笔都要我们用心去描绘。只有在学习中不断提升，我们才能奏出最和谐的旋律，描绘出最美丽的画卷。

期待下一个十年，在资源带的"弹指一挥间"。

扬起风帆　重新起航

芦旭

府学优质教育资源带美后校区的民乐和小鼓队曾有十几年的辉煌历史，获得过历次艺术节大赛的一等奖，参加过海峡两岸的大联欢，经历过国庆55周年的庆典，参加过举世瞩目的奥运会……曾经的辉煌令我们无比自豪，但自2011年校园危改开始，七名艺术骨干相继调离，学生被分散到不同学校周转，致使民乐遭遇了漫长而艰辛的寒冬，整整沉寂了三年时间，直到去年年初小鼓队重新成立，民乐团才重新解冻。当重新起航的时候，我们已经是府学这个大家庭中的一员了。

校长曾向大家介绍，府学近700年的历史，滋养着每一名府学人。古代"六艺"礼、乐、射、御、书、数中的乐就是音乐舞蹈。中华民族的传统音乐源远流长。府学是育人之地，肩负着传承民族文化的重任。作为美后校区的教师，引领学生聆听民乐之曲，领略民乐之美，感悟民乐之情，传播民乐之魂是我们的责任。美后有很好的民乐基础，有甘于奉献、不怕吃苦的民乐教师团队。府学博大精深的教育理念像一片沃土，民乐之花一定会在这里盛开怒放。组建"汉乐府"民乐团，让孩子们感受民乐的魅力，让小乐手为全校师生呈现听觉与视觉的盛宴，乃至精神的盛宴，由此让孩子们爱上民乐，爱上自己的民族艺术，爱上中华民族的传统文化，是教育工作者的职责。

带着这份情感与责任，我们组建了艺术组，有班主任、科学课老师、计算机课老师。而我自己，是一名一年级数学老师，自告奋勇带鼓队，主动请缨练指挥。虽然我们是一支名副其实的杂牌军，但我们都有对艺术教育的一份情感与执着，坚守到现在，希望为孩子们的梦想，为资源带的艺术教育尽一份绵薄之力。

在这个团队的背后，是府学这个大集体对我们强有力的支持。每当有比赛的时候，学校领导总会到现场为我们加油鼓劲，声声表扬与喝彩给了我们无穷的力量；曲目的编排，由汤燕主任带领的专家团队根据乐团实际情况创编，反复推敲，一个一个细节调整、修改，确保了曲目的演出效果；而日常训练的后面，是无比烦琐的后勤工作，加班加点地为学生补课、轮班代课、搬运乐器、改装架子、刷漆……种种琐事成为老师们责无旁贷的责任，后勤保障给了我们莫大的支持。

鼓队的第一次亮相是在6月府学胡同小学美术馆后街校区的挂牌仪式上。那时我们仅仅练习不到两个月，乐曲也只是几个简单的小音符组合起来，但是从那时开始，我们又重新扬起了音乐的风帆，点燃了孩子们梦想的希望之火。

在我们重组八个月后，又第一次以如此大的规模参加了在中山音乐堂举办的府学优质资源带新年音乐会。短短15分钟的演出，让我感受到了府学大家庭的温暖。演出前傅晓静副校长、马慕青主任、张强指挥一次次不辞辛苦到美后校区审查节目，为确保演出质量，反复与汤燕主任、张锦辉副校长推敲上下场、码放乐器、人员安排等细节。由于美后校区教职员工人数有限，民乐和鼓队又需要大量工作人员，资源带为我们提供人员上的支持。同为府学人，老师们尽心尽力一次次上下场码放乐器。由于鼓队演出需要配乐，资源带安排小鼓队第一个上场彩排，且给予多次机会。正是有了府学这个大家庭，有所有府学人的齐心协力，奋勇拼搏，才有美后校区民乐团和小鼓队的浴火重生。

在这一年中，我们还先后参加了金帆展演、首届中小学生艺术节在国音堂的展演，荣获了东城区第十八届艺术节一等奖。而我们的乐团也以东城区二等奖的成绩迈向了北京市金奖的辉煌。

这一年陪伴着两支队伍一路走来，眼看着孩子们从动作生疏到娴熟，从紧张、自信，到个性张扬，场上的精彩来自于台下的辛苦训练。是孩子们的汗水使我更坚定了对教育梦想的追求，更坚定了要做一名多元化教师，不仅在教学上有自己的一块阵地，在其他方面也有自己发挥的空间，让自己有能力带着孩子们飞向更高、更远的地方。

我是幸运的，作为府学优质教育资源带美后校区的一名数学老师，有幸参与和见证了鼓队和乐团从低谷走向新的辉煌，从籍籍无名到获得北京市金奖的所有历程。更重要的是，在鼓队和乐团凤凰涅槃的过程中，在府学这个大家庭里经历了一次心灵的洗礼。资源带领导和校区领导的关注和重视，让我们感受着来自大家庭的关爱；汤燕主任13年对艺术教育的追求，让年轻教师深刻理解了什么是职业传承与坚守；专家团队对于细节的苛刻和坚持，让我们明白什么是创造革新和坚韧不拔；科任教师主动补位、后勤组老师敬业奉献，是教育工作者如烛光般精神的写照！

这让我想到了一句话："感觉到了的东西，我们不能立刻理解它，只有理解了的东西，才能更深刻地感觉它。"对于美后校区来说，民乐特色不仅是个品牌，更是无形资产，需要好好经营，说不定能够探索出"以美育人"的培养模式，成为府学优质教育资源带美后校区的办学特色。

扬起风帆　重新起航

继承传统更要革故鼎新。小鼓队、民乐团在府学优质教育资源带再次扬帆，重新起航！

我是新教师　我在"府"中学

张思宇

从学生到新教师的转型让我欣喜不已,然而内心也有一分忐忑,因为我已感受到了作为一名小学语文教师的重大责任与种种挑战。回想起来我虽都是一路微笑,但也含泪走来。

一、跟师父学带班

实习期间我一直跟着的孙年慧老师是一位特别负责任的老教师。孙老师这样告诉我,"每个孩子都是爸爸妈妈的心头肉,不能凶,他错了,你告诉他怎么做是对的,告诉一次没起作用,那就两次,三次,要允许他有一个进步的过程。"年轻教师参加过培训,总把理论挂在嘴边上,孙老师没提升到什么理论高度,但她几十年一直这么实践着。孩子们不会扫地,她手把手地教,教了还没会,她一边口里讲,对了就是这样扫,一边指导学生纠正姿势。学生摆的桌子其实歪歪扭扭的,她也是满口赞扬,对对,就是这样,对整齐来。有个特殊的孩子,孙老师表扬她某个字写得很漂亮,孩子来了劲儿要报书法班,把所有的字都写漂亮;有个调皮的孩子,孙老师表扬他写字姿势最好,后来所有写字时间里,他都坐得很端正……孙老师带的班级,孩子很活泼,做事情很主动,因为他们是在有方法的关爱里成长起来的。回想起来,孙老师教我的道理,放在我这样一个新教师身上一样奏效。所以,当我感受这如玉般的温润时,我下定决心用青春温润朝府这块美"玉"。

二、在教研组学讲课

初登岗位，我感受到似玉温润的目光和话语，还记得听到的最多的话语就是"你们现在多幸运啊！"是啊，有师父带，我有幸有三位师父。另两位是府学校区的张苗老师和同组的李静老师。备课时，快把头都想破了也想不出主意时，我有师父，可以打电话求助。前段时间参加"朝阳杯"比赛，紧张当然不必多说，更多的是茫然不知所措。

上班已有半年多，教案按照基本结构和要求撰写，但总觉得少了些什么。带着困惑我联系了府学校区的师父张苗老师，接着就是张老师帮我一遍又一遍修改，与我一次又一次讨论。张老师是区级骨干，在我眼里她就是低年级语文教学的专家，她传授给我的低年级阅读教学的多种方法绝不是纸上谈兵。夜里11点多，张老师仍然在帮我修改教案，一通电话就是一个多小时，不厌其烦为我解答疑难，让我受益匪浅的同时，感受到什么是认真负责，什么又是教学研究的严谨。

组内试讲，感受最深的是教研时开诚布公的讨论。还记得那是一个有关词语理解的问题，我让学生读，反复读，进行理解。组长李婴宁老师提出可以通过动作感知进行理解；师父李静老师说可以联系上下文进行理解；刘丽老师说可以让学生看图理解，节省时间；高原老师则支持在反复朗读中理解。气氛异常热烈，我一边听，一边记，一边思考，一边享受着。享受着这思维碰撞迸发出的火花，享受着教研时直言不讳打开的新思路。每次教研都是这样火花四溅，见解不同，关系却日渐亲密。激情只迸发于对教学的热爱，火花则化为增进感情的纽带。我暗暗努力着，在朝阳区小学语文新教师培训的教学片段比赛中获得二等奖。

三、在课题组中学习惯培养

回想起 2014 年 9 月开学的时候,虽然之前做了很多功课,但是刚从大学毕业的我面对着刚从幼儿园毕业的学生,还是有些不知所措。此时,董主任召开了我校的研究课题"习惯培养"研讨会。虽然在上学的时候也做过课题研究,但真正让教师和学生从研究的成果中受益的课题研究,这还是第一次。一年过去,回看我们一年级的课堂,学生行为依然如刚培养时一样规规矩矩,这就是习惯。

当我真正把这些要求培养学生成为一种习惯时,我发现每节课的开始总是那么有精神,让我和学生迅速进入状态。我受益于此,所以也想分享给我亲爱的伙伴,紧接着很有幸就承担了一节有关习惯培养的展示课。看到伙伴们肯定的眼神,嘴上不说,心里却喜不自胜。

我进入教师行列不到一年,身边优秀老师比比皆是,走上"述学"这个讲台我有自吹自擂之嫌,而我想说的是,只有在优秀的团队中,像我这样的年轻人才能快速成长。

我是新教师,我在"府"中学。

圆 梦

王蕊

我从小就喜欢当老师，2014年是我工作的第二年，直到经历了这次"东兴杯"我才真正成为了一名教师！

听到"东兴杯"这个词感慨万千，现在看来，我的迅速成长绝不仅仅是在4月1日至10日决赛备战期间，而是从2014年9月10日拜师会开始。

无论是视导、复赛微课，还是这学期的决赛，我前进的每一步，都离不开身后的团队，离不开府学优质教育资源带这个大家庭的支持与帮助。

一、师父的陪伴

对于"师父"，人们或多或少都会有些距离感。况且我和师父吴丹不在一个校区，见面的机会少之又少。但是师父从没让我觉得有疏离感。每次我上课紧张的时候，备课过程中卡壳的时候，遇到突发情况不知所措的时候，都会看看师父，因为吴老师的那双眼睛永远是那么平静，用充满鼓励的眼神在告诉我："别着急，你一定知道该怎么办，相信自己。"只要师父坐在台下我就觉得安心、踏实。

二、主任的引领

在这个大家庭中，更有学科主管对我的帮助与鼓励。屠静主任总是如夏日的骄阳一般点燃了大家的工作热情，我每一次备课都是在屠主任的指导下一点一点改进的。由于我工作经验有限，这位严谨的语文主任帮我设计每一句与学生的交流用语,并一遍一遍帮助我练习。对说的每一句话、每一个字,都力求精准。屠主任要求我和学生们交流要真诚,并不厌其烦地给我做示范。在她身上我看到了教师对待工作所特有的敬业、专业与严谨。

如果说屠主任是夏日的骄阳,那么李之彤主任就如和煦的春风。《真理诞生于一百个问号》,如果说所有的准备都是在解决教学中的一个又一个问号,那么提出问号的人无疑就是智者的化身,李主任就是特别善于提出问号的智者。她的每一个建议、想法都会激发大家更多的智慧。每一次我参赛的衣服都是她帮我挑选的,就连比赛当天我穿着的那件上衣都是她送给我的。我突然发现原来像我这样一个胖女孩也能靓丽地走上讲台,从容而自信地赛课。

三、伙伴的帮助

这次决赛备课时,王滨老师不仅和我们一起备课,还帮我修改、制作PPT。每一次改动都力求精准。当我看到有的选手因为PPT出问题影响上课的时候,心里就一直在打鼓,生怕自己也遇到这样的问题。但当我看到王老师帮我制作修改后的PPT时,瞬间就踏实了,没有繁杂的操作,却将需要的所有内容完整地呈现出来。其中一段作者对文本解读的录音,是李主任和王老师邀请自己的家人录制的。从王老师的身上我看到了,一名小学老师自己的专业固然十分重要,其他方面也一定要有所专长,这样才能将自己的路铺得更远,更平坦。

和我同年级的李悦老师更是给了我家人般的温暖。每一次备课、试讲,她总是陪着我,帮我梳理教案,记录学生生成。失去信心,心情低落时,给我安慰;不知该穿什么服装时,帮我挑选;一上班就提醒我多喝水，多吃水果。备战决赛，提议我住在附近的宾馆，既可以多一些备战时间，也可以多休息一会儿。那几天，每天晚上都是她送我到宾馆门口，早上又到宾馆门口接我去学校，就像小时候妈妈接送我上下学一样。每天晚上还给我打电话，询问进展。

指导我板书的王娜老师自己的课非常多，中午还要去参加乐团的排练，连饭都顾不上吃，就开始指导我练习书写。

校区所有语文老师听我试讲，提出建议。林老师和屈老师将第一时间找到的资料发给我。李卉老师陪着我备课，她当学生；我试讲，她帮我录像。和我搭班的数学老师，有时不得不同时看两个班。每次找老师们换课，大家都说没问题，你去吧，我帮你上。我真的很感谢老师们为我付出的一切。

四、"家长"的支持

在我们这个大家庭当中，校领导们的支持更让我感受到这个大家庭的温暖。校长不仅听我的试讲，更是亲自上阵录制文本解读。孟银梅主任每次都和我一起备课，给大家买水果，准备晚餐，帮我换课。

现在看来，举资源带之力准备"东兴杯"的过程其实是在帮助我圆梦，圆早日成为一名合格教师的梦。

我从小就梦想着能够站上讲台，将一棵棵小苗培养成才。站在讲台上才发现，原来自己现在就是一棵小苗，在各位老师、领导的培养下慢慢长大、长高。相信总有一天我会长成参天大树，为府学优质教育资源带的小苗遮风挡雨，伴美后校区的幼苗茁壮成长。

圆梦

"中国好人"彰显精神力量

张梅

自古以来,坚韧、质朴、善良、崇高是中华儿女亮丽的精神底色,文化传统涵养滋润着我们每一个人,神州大地不断绽放新的精神之花。近年来,"中国好人"大量涌现,充分体现了我们这个社会蓬勃向上的旺盛活力。他们崇真求善,勇于担当。即使有被误解的危险,依然执着地伸出充满温情的手,组成了这个守望相助、崇德尚义和谐社会的中坚力量。

在这个假期中,我多次被人与人之间的真情感动着,同时,我也努力将这份真情传递给身边的每一个人。

作为北京人,2012年7月21日的那场特大暴雨肯定不会忘记。那天下午两点多暴雨突从天降。当时我正驾车行驶在北四环的辅路上,雨刷器开到最大也无济于事,我一个人坐在车里既紧张又恐惧,真是不知如何是好。突然从模糊不清的车窗中看到了一个身影正在前方指挥,"太好了,终于有交警帮忙了。"我不禁想到。我行驶到他旁边时他在雨中大声对着车窗喊:"前边路面低,有积水,别往前开了,右拐上桥!"当这位好心人看到我是一位女司机时,又拍着车窗喊道:"别紧张,要镇定。上桥后靠边停下!"此时我才注意到原来他不是交警,也是一位过路的司机。他是看到前方路面积水严重,自己无法前进而把车停在路边,指挥其他汽车分流的!此时此刻,这位好心人浑身早已被暴雨浇透,刚下车时打的伞也早已被吹到路边。我按照他指的路线上桥后,又从车窗中看到这个黑色的身影继续在暴雨中指挥着。我不禁被这位好心人的行为深深地感动着。正是这些普普通通的人演绎着新的时代精神，矗立起了"中国好人"新的精神海拔，他们才是这个时代的坚强脊梁。

不久后的一天晚上，我正一人开车行驶在回家的路上，停红灯时突然发现前面路边有一对母子正在打车，看他俩那焦急的样子像是在原地站了许久了，而且孩子已疲惫地靠在妈妈的身上。见此情况，驶过绿灯后，我便把车停在了他们母子俩身边，然后我摇下车窗问："需要帮忙吗？顺路的话可以送你们一下。"以前从没有干过这事，说此话时我心里也挺紧张的。那位妈妈听我这么一说，略带犹豫地说："我们就去交东小区那里。"当我让她们上车时，那位妈妈还站在原地犹豫。我说："时间这么晚了，不好打车。况且孩子都快睡着了。"妈妈听我这么一说，带着孩子上了车。到达目的地后，孩子的妈妈一个劲地跟我道谢，又要记我车号，又要我电话，还非要塞给我30元钱。见此状，我说："我也经常得到他人的帮助，咱北京人都是热心肠。"

以上是我在这个假期中经历的两个生活画面，让我看到精神是一种看不见的力量，精神是时代的旗帜，是干事创业的支柱，是社会前进的动力。工作生活中，我们必然会面临各种各样的挑战，战胜这些困难，就需要强有力的精神力量的支撑。越是在困难面前，在危急关头，精神的力量越能放射出耀眼光芒，越能创造出人间奇迹。让我们携起手来，专心致志干工作，永葆激情破难题，超越前进路上所有障碍，战胜内外环境造成的一切困难，彰显根植于中华大地的"中国好人"的精神力量！